Ein Buch aus dem Rowohlt-Pegasus-Programm

CLAIRE BRETECHER

Monika

das Wunschkind

ROWOHLT

«Le Destin de Monique» erschien 1983 im Selbstverlag von Claire Bretécher
in Paris

Deutsche Texte von Rita Lutrand und Wolfgang Mönninghoff

1. Auflage März 1985

Gesamtherstellung Clausen & Bosse, Leck
Printed in Germany
ISBN 3 498 00490 5

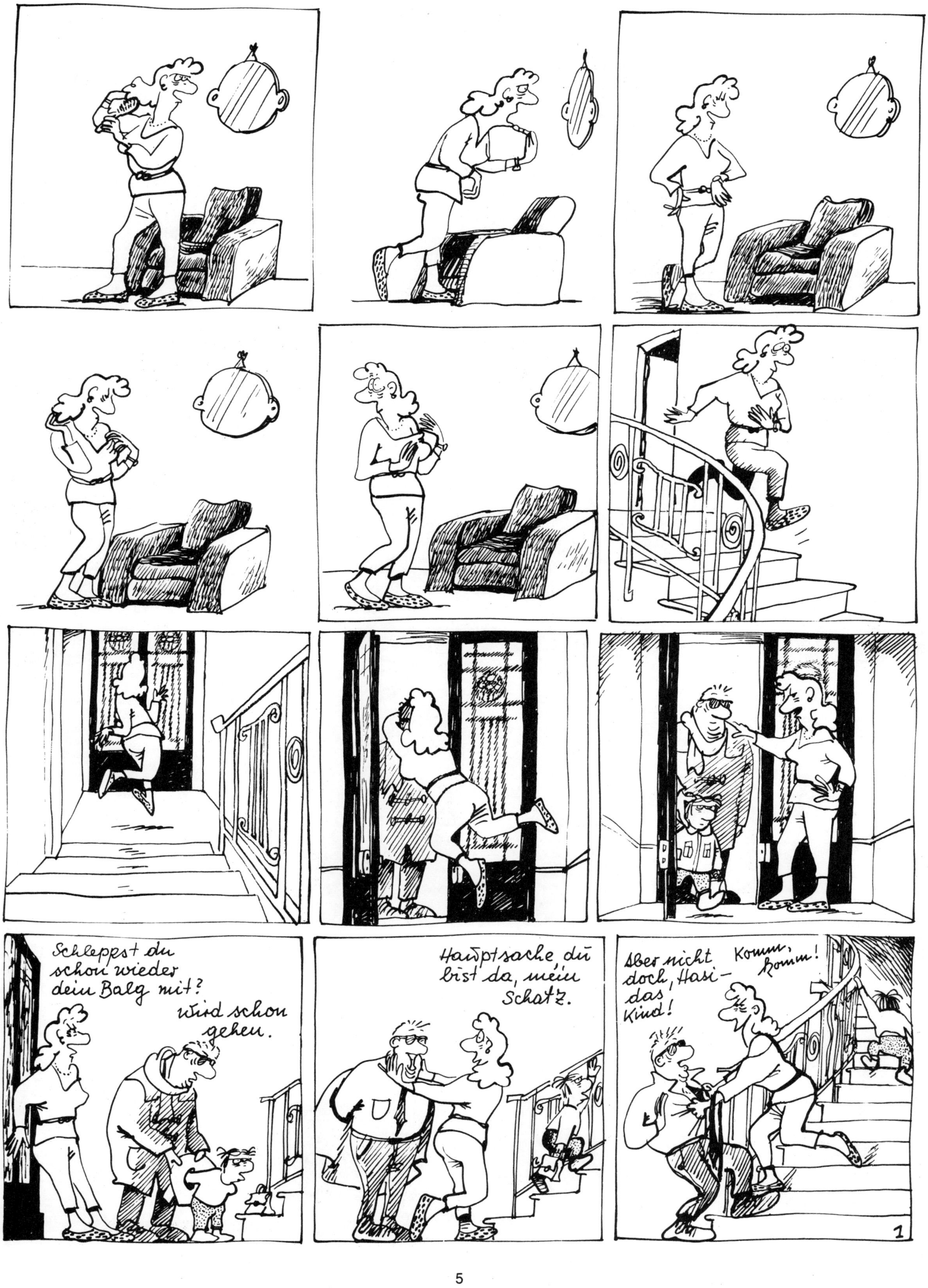
Schleppst du schon wieder dein Balg mit?
Wird schon gehen.
Hauptsache du bist da, mein Schatz.
Aber nicht doch, Hasi – das Kind!
Komm, komm!
1

Lucienne, mach schön deine Atemgymnastik!
QUETSCH
AHA
SCHNÜFFEL
SCHNÜFFEL SCHNÜFFEL
SCHNÜFFEL
SCHNÜFFEL
SCHNÜFFEL
SCHNÜFFEL
SCHNÜFFEL
SCHÜFFEL
SCHNÜFFEL
SCHNÜFFEL
JA JA! JA
JA JA JA
JA
Jaaaa...
2

Mausepeter?
Ich glaub, wir haben angesetzt.
Nicht schon wieder!
Théo ich will aber eins von dir!
Nix da!
Drei Bälger, zwei Mütter, das reicht.
Was soll's...
Wenn du zwei Tussis drei angehängt hast, wirst du mir wohl auch eins machen können?
Laß bitte Yvette und Simone aus dem Spiel.
Jetzt hör mal zu, Brigitte,
ICH WILL ABER EINS!
du bist schauspielermäßig noch nicht weit genug, um schwanger zu werden. Ich sag dir schon Bescheid.
Ich bin 38.
Ich bin dein Agent und fördere deine verdammte Karriere.
Und wenn ich dich aufs Kreuz lege?
Hör auf. Ich muß los.
3

Zieh Leine, und nimm dein Scheißkind mit.
CHT
Wir telefonieren morgen. Hoffentlich hast du dich dann beruhigt.
Na, hast du deine Gymnastik gemacht?
FELIX POTIN
VRRRRR
SIND SIE DAS, CANDIDA?
VRRRRR
JA, MADAME LEMERCIER
VRRRRR
RRRR

Geht's gut, Candida?
Schlecht, Madame Lemercier.
Ich seit eine Woche hier ein Knoten in Brust...
Aber nein, Candida, Sie haben doch keinen Knoten.
Da, fühlen mal...
Ein Knoten?
Nicht Knoten?
Höchstens ein ganz kleiner.
Viermal ich war Doktor, damit gibt Verschreibung, und heute morgen 2 Stunden bei Fremdenpolizei.
Für Arbeitserlaubnis. Nix noch mehr Ausländer.
Candida, ich muß jetzt weg.
Und wie es geht Ihnen, Madame Lemercier?
Danke gut.
Wirklich?
Ich geh mal eben runter.
Ich auch gleich gehen, weil der Patenjunge von meine Schwägerin ist Krankenhaus und...
5

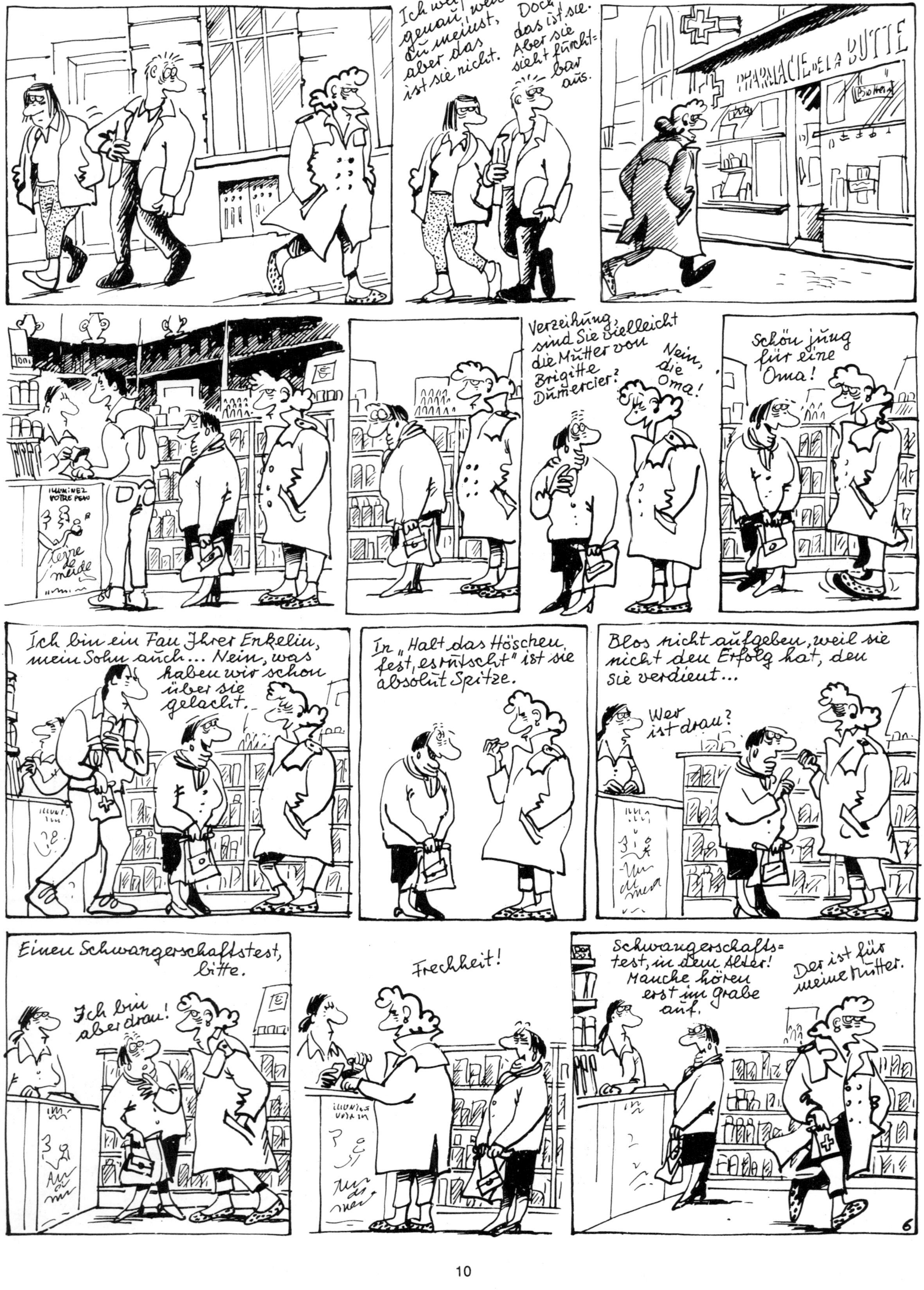

Ich weiß wen du meinst, aber das ist sie nicht.
Doch das ist sie. Aber sie sieht fürcht=bar aus.
PHARMACIE DE LA BUTTE
ILLUMINEZ VOTRE PEAU
Verzeihung, sind Sie vielleicht die Mutter von Brigitte Dumercier?
Nein, die Oma!
Schön jung für eine Oma!
Ich bin ein Fan Ihrer Enkelin, mein Sohn auch... Nein, was haben wir schon über sie gelacht.
In „Halt das Höschen fest, es rutscht" ist sie absolut Spitze.
Blos nicht aufgeben, weil sie nicht den Erfolg hat, den sie verdient...
Wer ist dran?
Einen Schwangerschaftstest, bitte.
Ich bin aber dran!
Frechheit!
Schwangerschafts=test, in dem Alder! Manche hören erst im Grabe auf.
Der ist für meine Mutter.
6

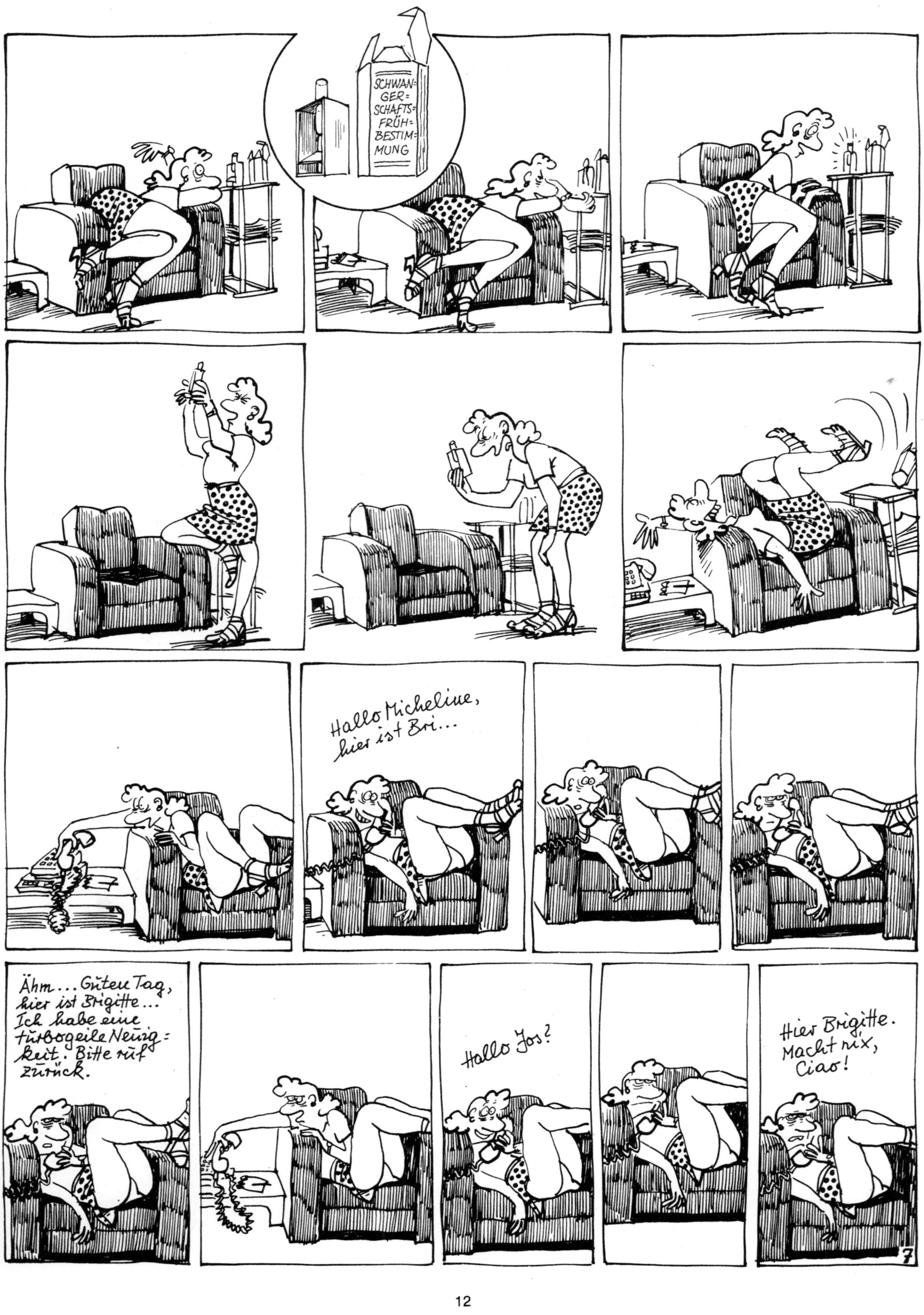
SCHWAN= GER= SCHAFTS= FRÜH= BESTIM= MUNG
Hallo Micheline, hier ist Bri...
Ähm... Guten Tag, hier ist Brigitte... Ich habe eine türbogeile Neuig= keit. Bitte ruf zurück.
Hallo Jos?
Hier Brigitte. Macht nix, Ciao!
7

RRRRRRRR
Ah, du bist es, mein Schatz.
Was Neues?
Ich hab auch was, aber ich weiß nicht, ob ich's dir sagen soll.
Reg dich aber bloß nicht auf.
Also, ich hab eine Hauptrolle für dich im neuen Wenders.
Ist das was?
Was sagst du nun zum lieben Théo?
WAHNSINN!
Das ist meine Mars-Neptun-Konstellation. Merkur im 6. Haus. Stand im Horoskop, aber ich wollte es garnicht glauben
Und jetzt kommt alles auf einmal.
10 Wochen Drehzeit, und für dich eine Million.
Nein! Théo!!
Drehbuch von der Yourcenar. Ein Hammer, sag ich dir. Deutschland und Japan haben schon gekauft.
Hör auf! Ich dreh durch.
Wann drehen wir?
Ende Februar/Anfang März.
Ist was?
BRIGITTE, was ist denn jetzt?
8

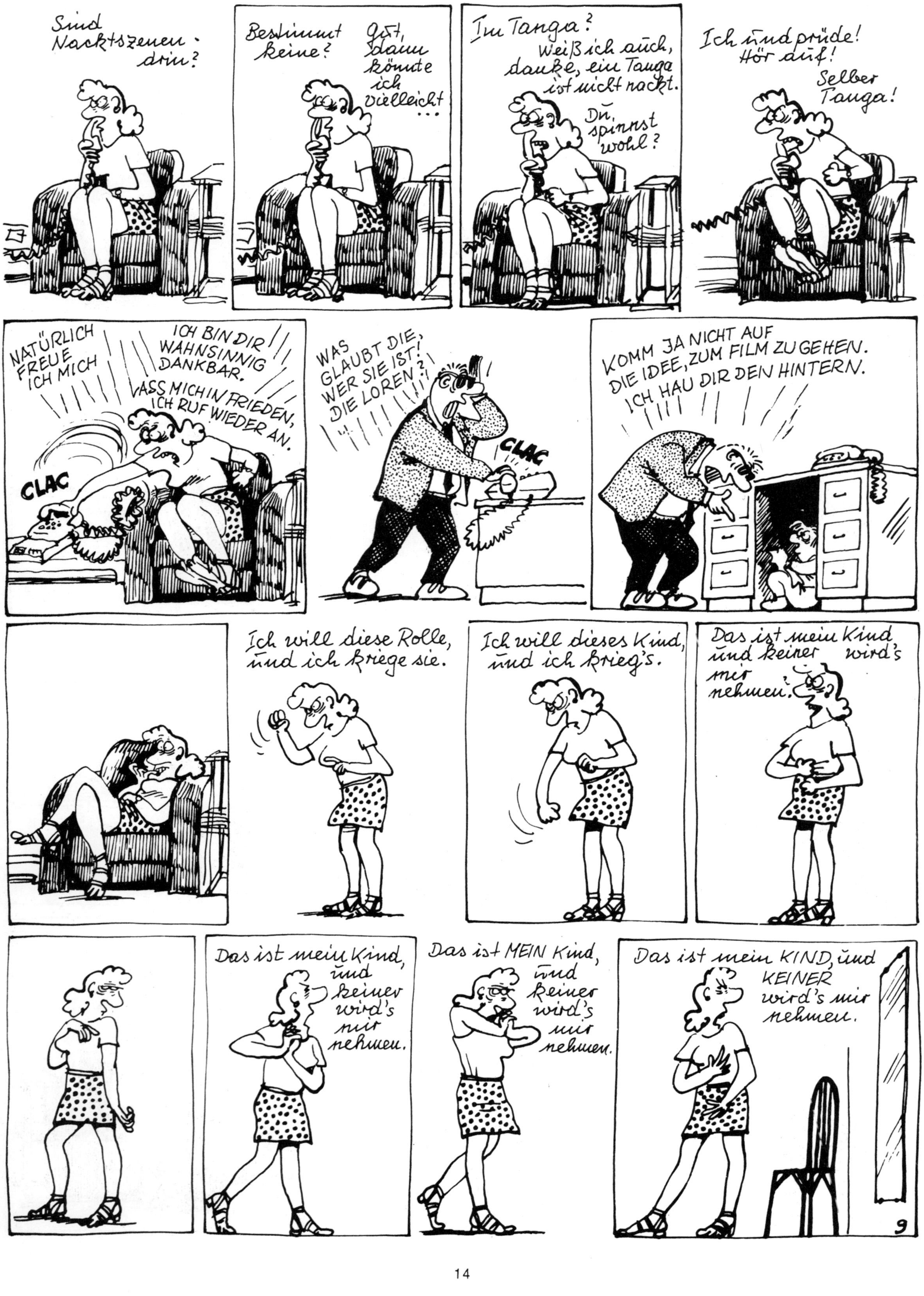

Sind Nacktszenen drin?
Bestimmt keine?
Gut, dann könnte ich vielleicht ...
Im Tanga?
Weiß ich auch, danke, ein Tanga ist nicht nackt.
Du spinnst wohl?
Ich und prüde! Hör auf!
Selber Tanga!
NATÜRLICH FREUE ICH MICH
ICH BIN DIR WAHNSINNIG DANKBAR.
LASS MICH IN FRIEDEN, ICH RUF WIEDER AN.
CLAC
WAS GLAUBT DIE, WER SIE IST! DIE LOREN?
CLAC
KOMM JA NICHT AUF DIE IDEE, ZUM FILM ZU GEHEN. ICH HAU DIR DEN HINTERN.
Ich will diese Rolle, und ich kriege sie.
Ich will dieses Kind, und ich krieg's.
Das ist mein Kind und keiner wird's mir nehmen!
Das ist mein Kind, und keiner wird's mir nehmen.
Das ist MEIN Kind, und keiner wird's mir nehmen.
Das ist mein KIND, und KEINER wird's mir nehmen.
9

Wie geht's Madame Lemercier?
Ich ganz schlimm. Ich nur bleiben eine Stunde, weil Magen tut weh. Schwiegervater uns wollte leihen 5 Millionen...
...für Fertigmachen Haus und nun er geben Geld an Schwägerin. Eine Kuh.
Da nix Freude an Arbeit.
Seit gestern ich weinen und weinen...
Candida, ich bin schwanger.
Sein zufrieden, Madame Lemercier?
Und Monsieur... Ich meine Vater, er auch zufrieden?
Vielleicht SIE nicht wollen Kind?
Was machen Sie in den nächsten Monaten, Candida?
Ich gehe Portugal für Ferien, wie immer...
Candida, wollen Sie an meiner Stelle das Kind austragen?
10

Ich werde wahnsinnig zu tun haben. Ich kann es mir ein=fach nicht leisten, jetzt schwanger zu sein.
ich verste=hen.
Darum habe ich gedacht...
Wollen Sie einen Kaffee?
Oh, das nicht nötig.
Doch, doch.
Oke, aber ich machen.
Nein, nein. Das mach ich schon.
Die Ärzte können einer Frau das Ei absaugen, ich meine, wenn es sich gerade gebil=det hat...
ich kann machen.
Dann tun sie es einer anderen Frau in den Bauch. Verste=hen Sie das, Candida?
Ich kann machen.
Ich kann machen.
Was können Sie machen?
Meine Schwester hat gemacht für Chefin in Brasilien.
WAS gemacht?
Was Sie sagen... Sie haben Embrio von Chefin gleich weg=genommen und meine Schwester gesetzt in Uterus
Ach so?
und dann Baby geboren und Chefin genommen... War ja ihr Kind, nicht?
Candida, Sie sind ja voll auf dem laufenden.
Och, das neuer Job für Ausländer bei viele Arbeits=losigkeit.
Also, Candida, ich bin echt erleichtert.
Nicht zu viel Kaffee, sonst werd' ich nervös.
Würden Sie das wirklich für mich tun?
Och, schwanger nicht schlimm, mich nicht stört, wenn ich muß übergeben.
marci
11

Och, mein Mann egal.
O Gott, und Ihr Mann?
Der bauen in Kuwait Fabrik für Araber. Für sehr, sehr gute Geld.
Wunder=voll.
Ach, übrigens – was bekommen Sie dafür?
Wie Sie meinen.
30 000?
Meine Schwester 50000. Aber egal.
50000? Gut… das werd ich schon packen.
25000 bei der Implantation, 25000 bei der Entbindung. Einverstanden?
Auf die Hand?
Klar.
Wir müssen schnell machen… sofort… Morgen!
Dann ich aber morgen nicht bügeln.
Aber bevor Sie in Ferien fahren, müssen Sie bitte noch etwas gründlicher reinmachen.
Ja, ja, ich noch bohnern und putzen Fenster.
Ich ruf das Krankenhaus an, ich habe eine Freundin, die in der Abteilung arbeitet.
Ich da auch eine Cousine…
Also das klappt… morgen um 8. Ich hol Sie ab. Alles klar?
Nein, ich nicht klar. Ich da Geschwür…
Wunderbar, Candida, so verständnisvoll und hilfsbereit. Tausend Dank.
Fühlen Sie hier…
Nur eine kleine Drüse…
Aber kann sein Hodgkin=sche Krankheit!
Lassen, ich abdecken.
Nein, das mach ich schon.
12

UNIVERSITÄTSKLINIK JULIO IGLESIAS
INSTITUT FÜR FÖTAL-TRANSFER
FACIFRIX
Ich hab das Geld, Candida, ich geb's Ihnen im Auto.
Wie Sie wollen, ich keine Eile.
Danke, Madame.
Komisch, Ihr Baby in mein Bauch.
Aber wieso denn!
Ach, das bilden Sie sich nur ein...
Mir schon schlecht.
Während der zwei Tage, die ich schwanger war, ist mir nie schlecht gewesen.
Das verschieden nach Leute.
Bitte... Ist möglich anhalten? Schnell!
Ein gutes Zeichen, Madame Lemercier! Fötus schon fest.
HUUUH!
Das normal. Die Hormone sinken.
13

Weinen nix helfen. Da Platz vor mein Haus. Trinken ein klein Porto bei mir.
Porto mein Vater. Schwarz gemacht.
Sie probieren, wie gut.
Für mich auch, Mama.
Aber nur ein Schluck, Victoria.
Danke, Mama.
Auf Ihr Wohl, Madame Lemercier.
SLURP
Bißchen stark. 79 prozent
GASP
Mein Gott, Candida, das können Sie doch nicht trinken!
Warum nicht?
Aber Sie sind doch, ich meine... in Ihrem Zustand. Der hat mindestens 90 prozent!
HA HA
Porto von Vater gut für alles. So ich meine drei Kinder gemacht und gute Milch gegeben, oder, Victoria?
Weiß ich nicht mehr, Mama
Hören Sie, Candida, Sie müssen mir versprechen, vorsichtig zu sein.
Madame Lemercier...
In Ihr Zustand, ich auch sagen kann in mein Zustand, Sie sich keine Sorgen machen. In acht Monate Ihr Baby ist da. Große Bombe!
Candida, Sie sind wie eine Mutter zu mir.
Wirklich, Sie sind ein Schatz. Kommen Sie morgen zum Fensterputzen?
Vielleicht ich zu müde.
Also dann: Schöne Ferien, und passen Sie gut auf sich auf.
Sie auch, Madame Lemercier.
14

HICKS

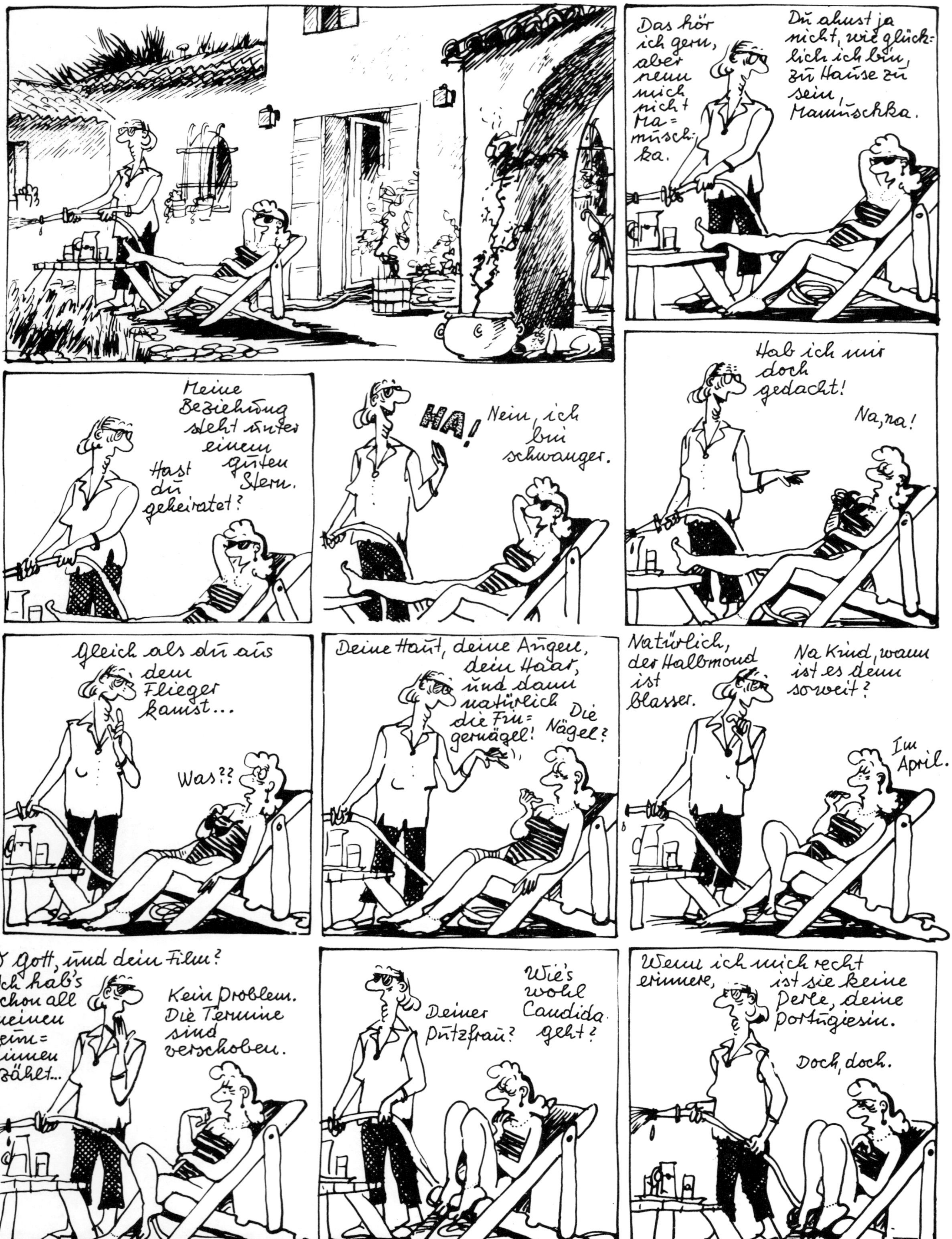
Das hör ich gern, aber nenn mich nicht Ma=muschka.
Du ahnst ja nicht, wie glücklich ich bin, zu Hause zu sein, Mamuschka.
Meine Beziehung steht unter einem guten Stern.
Hast du geheiratet?
HA!
Nein, ich bin schwanger.
Hab ich mir doch gedacht!
Na, na!
Gleich als du aus dem Flieger kamst...
Was??
Deine Haut, deine Augen, dein Haar, und dann natürlich die Fin=gernägel!
Die Nägel?
Natürlich, der Halbmond ist blasser.
Na Kind, wann ist es denn soweit?
Im April.
O Gott, und dein Film?
Ich hab's schon all meinen Freun=dinnen erzählt...
Kein Problem. Die Termine sind verschoben.
Wie's wohl Candida geht?
Deiner Putzfrau?
Wenn ich mich recht erinnere, ist sie keine Perle, deine Portugiesin.
Doch, doch.

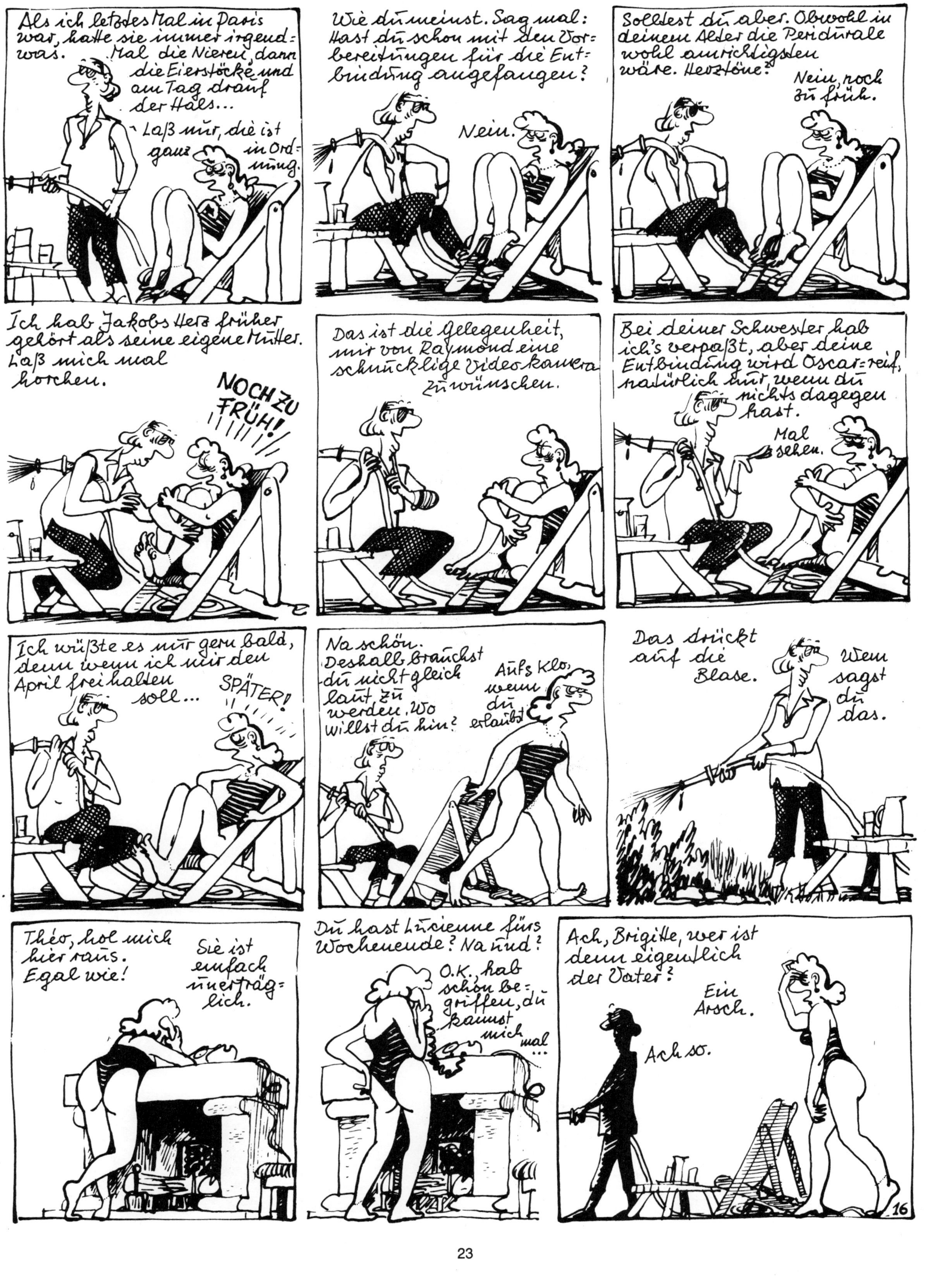

Als ich letztes Mal in Paris war, hatte sie immer irgendwas. Mal die Nieren, dann die Eierstöcke und am Tag drauf der Hals...
Laß nur, die ist ganz in Ordnung.
Wie du meinst. Sag mal: Hast du schon mit den Vorbereitungen für die Entbindung angefangen?
Nein.
Solltest du aber. Obwohl in deinem Alter die Peridurale wohl am richtigsten wäre. Herztöne?
Nein, noch zu früh.
Ich hab Jakobs Herz früher gehört als seine eigene Mutter. Laß mich mal horchen.
NOCH ZU FRÜH!
Das ist die Gelegenheit, mir von Raymond eine schnucklige Videokamera zu wünschen.
Bei deiner Schwester hab ich's verpaßt, aber deine Entbindung wird Oscar-reif, natürlich nur, wenn du nichts dagegen hast.
Mal sehen.
Ich wüßte es nur gern bald, denn wenn ich mir den April freihalten soll...
SPÄTER!
Na schön. Deshalb brauchst du nicht gleich laut zu werden. Wo willst du hin?
Aufs Klo, wenn du erlaubst.
Das drückt auf die Blase.
Wem sagst du das.
Théo, hol mich hier raus. Egal wie!
Sie ist einfach unerträglich.
Du hast Lucienne fürs Wochenende? Na und?
O.K., hab schon begriffen, du kannst mich mal ...
Ach, Brigitte, wer ist denn eigentlich der Vater?
Ein Arsch.
Ach so.
16

DONNERSTAG
8
SEPTEMBER
RRRRRR
Ah, wie geht's? Ferien? Meine waren o.k., ganz normal, nicht so doll...
Ach, Jean ist ertrunken?
Müßte mir alles mal erzählen.
Entschuldige bitte, aber ich bin beim Arbeiten. Ich rufe zurück.
Ist da Madame Peau? Entschuldigen Sie die Störung. Candida Rosario arbeitet doch auch bei Ihnen.
Ja, Candida...
Ach, Sie nennen sie Maria?
Ja, sie sollte am 1. September zurücksein, und ich habe noch immer nichts von ihr gehört.
Nein, bei ihr antwortet niemand.
Ihre Adresse in Portugal? Ja, aber sie antwortet nicht auf meine Briefe, und Telefon hat sie nicht.
Wissen Sie zufällig, wo ihr Mann arbeitet?
Ja, als Klempner, schwarz natürlich. Augenblicklich im Ausland, ich weiß, auf Montage.
Couilleux und Söhne in Garches, danke.
Hallo, Firma Couilleux? Arbeitet bei Ihnen ein Monsieur Rosario?
Vorname? Weiß ich nicht.
Wieviele? 16 Rosarios? Danke.
Lern lieber deine Rolle, statt dauernd mit deinen Freundinnen zu telefonieren.
Weiß selber, was ich zu tun habe.

Armer Kretin! Ich lie=
„be dich, unbedarft und unterbelichtet wie du bist.“
Klingt nach Théo und mir.
Armer Kretin ... ich liebe dich unbedarft ...
Warum ruft diese Person bloß nicht an?
Armerkretinichliebe=dichunbedarftund=unterbelichtetwiedu=bist ...
Armer Kretin, ich liebe dich stark und dunkel, nein, stark und dumm ...
MONTAG 12 SEPTEMBER
Alter Trottel, groß und schwarz=haarig
14 SEPTEMBER
SAMSTAG 17 SEPTEMBER
Hallo, Madame Peau.
Gut und Ihnen?
Danke. Bis morgen.
DIENSTAG 20 SEPTEMBER
RRRRR
Schon wieder? Du hast doch gestern erst angerufen, Théo. Ich komme nicht mit auf die Location. Auf garkeinen Fall
Ach leck mich.
FREITAG
SEPTEMBER
MEIN KIND? WO IST MEIN KIND?
Guten Tag. Wann geht ein Flieger nach Lissabon, bitte? – Ach, heute noch einer um 16 Uhr 53?
Nach Orly
TAXI PARISIEN
18

CHEGADA
ANKUNFT
ARRIVAL
Controle de Passaportes
Passport Control
Saida
Exit
AVIS
ALUGAMOS AUTOMÓVEIS
RENT A CAR
AVIS
PORTO
LISBOA
Ich nix-auch fremd hier.
19

Victoria!
Madame Lemercier! Sie hier?
Victoria! Wo ist deine Mutter?
Maaama!
MADAME LEMERCIER
CANDIDA!
Ich so viele Schwierigkeiten, Madame Lemercier, daß Sie nicht können vorstellen!
Sie hätten aber doch schreiben können... Wie geht es Ihnen?
Nix so gut. Hexenschuß und Mann auch nix gut...
Ihr Mann?
Kommen, ich machen Kaffee.
Was ist mit dem Kind?
KOMMEN SIE, MADAME LEMERCIER. MEIN MANN NICHT SOLL HÖREN. SONST ER MICH UMBRINGEN.

Mann hat schreckliches Unfall. Bei Arbeit an Fabrik.
In Kuwait, ich weiß.
Mein Kind... da... vor mir! Lassen Sie mich sein Herz hören.
Nein, nein, das noch zu früh.
Ich will sein Herz hören, verdammt noch mal!
Wenn aufgeregt, ich nix kann erklären.
Mein Mann hat auf Bau gearbeitet und auch bei Direktor Haus gestrichen. Schwatz natürlich.
Dabei gefallen von Kamel, weil kein Taxi, und hat sich Schnauze zerschlagen und Schenkelhals. Alles.
Und dann nach Portugal gekommen mit Flugzeug. Sie nicht aufregen, ich erklären alles.
Ich glauben, er stirbt, haben geweint und geweint, weil furchtbar schlimm.
Jetzt geht Bißchen besser, aber schwere Pflege, weil er immer braucht etwas.
Mama!
Papa gibt zu erkennen, wenn auch nur andeutungsweise, daß er gern einen kleinen Lunch zu sich nähme.
Doktor hat gesagt Diät. Also er bekommt Diät.
Na schön, Candida. Wann kommen Sie nun aber nach Paris zurück?
aber...
Mit Unfall ich nix mehr Paris.
Wieso? Was wollen Sie damit sagen?
Mit jetzt Arbeitsunfähigkeit und Schmerzensgeld und Schadensersatz für Langzeitschäden er von Versicherung 8 Millionen.
21

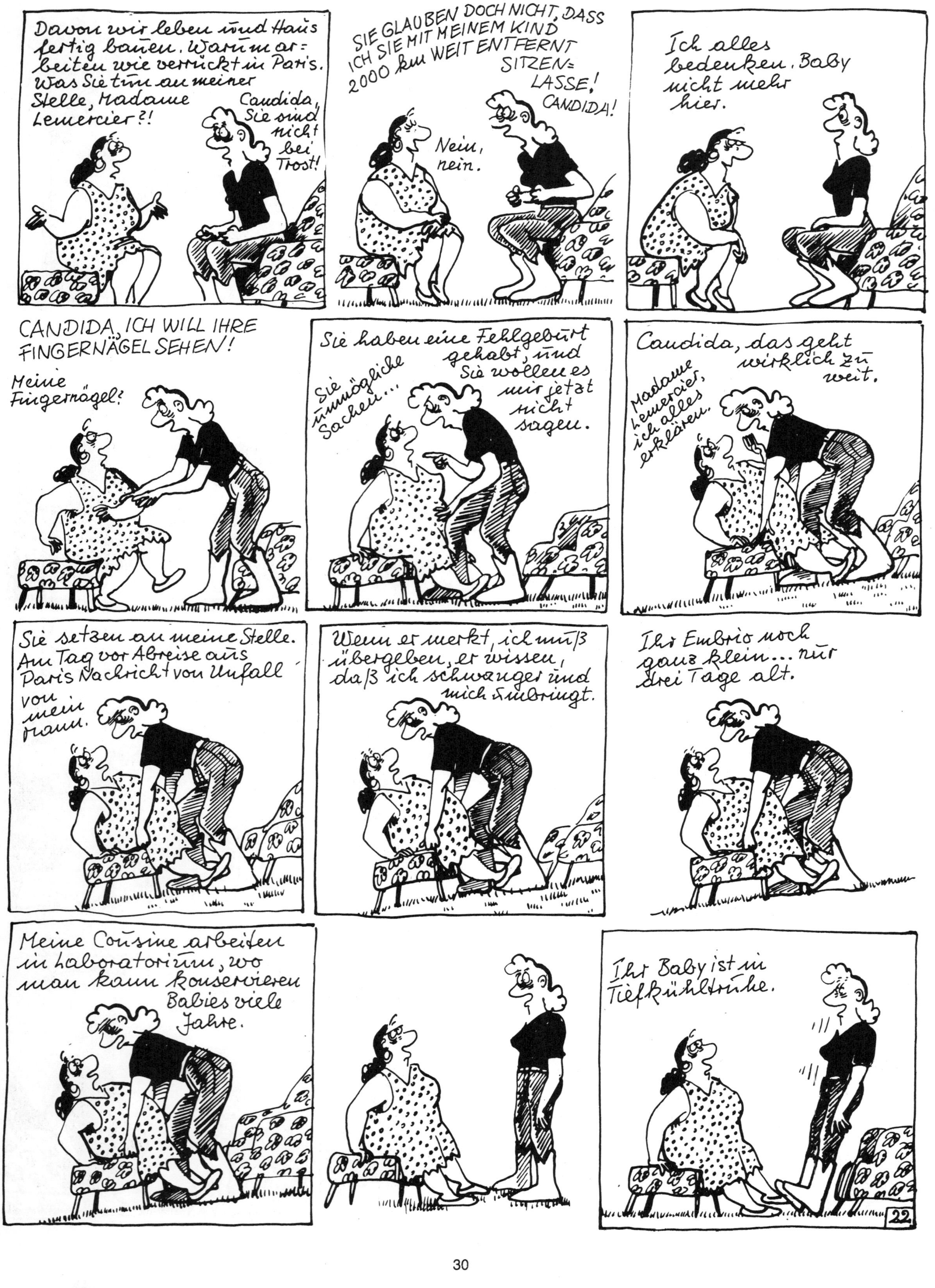
Davon wir leben und Haus fertig bauen. Warum ar=beiten wie verrückt in Paris. Was Sie tun an meiner Stelle, Madame Lemercier?!
Candida, Sie sind nicht bei Trost!
SIE GLAUBEN DOCH NICHT, DASS ICH SIE MIT MEINEM KIND 2000 km WEIT ENTFERNT SITZEN=LASSE! CANDIDA!
Nein, nein.
Ich alles bedenken. Baby nicht mehr hier.
CANDIDA, ICH WILL IHRE FINGERNÄGEL SEHEN!
Meine Fingernägel?
Sie haben eine Fehlgeburt gehabt, und Sie wollen es mir jetzt nicht sagen.
Sie unmögliche Sachen...
Candida, das geht wirklich zu weit.
Madame Lemercier, ich alles erklären.
Sie setzen an meine Stelle. Am Tag vor Abreise aus Paris Nachricht von Unfall von mein Mann.
Wenn er merkt, ich muß übergeben, er wissen, daß ich schwanger und mich umbringt.
Ihr Embrio noch ganz klein... nur drei Tage alt.
Meine Cousine arbeiten in Laboratorium, wo man kann konservieren Babies viele Jahre.
Ihr Baby ist in Tiefkühltruhe.
22

ICH AM NÄCHSTEN MORGEN MIT EINEM TOTALEN HANGOVER NACH PARIS.
AIR PORTUGAL
CANDIDA HATTE MIR EINEN PORTO EINGEFLÖSST, UM MICH WIEDER AUF DIE BEINE ZU BRINGEN.
Dieser mild... bloß 69 Prozent, von ein Jahr mit viel Regen.
TROTZ IHRER RÜCKENSCHMERZEN HATTE CANDIDA MIR BIS TIEF IN DIE NACHT HINEIN ALLES ERZÄHLT.
... meine Cousine Embrio abgesaugt.
Sie da arbeiten als Putz=frau, aber sie gesehen, wie Ärzte machen und sie nicht dumm.
Dann sie getan Reagenz=glas mit Ei in Stickstoff, was ist minus 196 Grad kalt und raucht, wenn man aufmacht.
Aha...
CANDIDA HATTE ZUNÄCHST GEPLANT, SICH DEN EMBRYO IM SEPTEMBER WIEDER IMPLANTIEREN ZU LASSEN
Aus Augen, aus Sinn...
ABER ES WAR ANDERS GEKOMMEN.
Ich nix konnte wissen...
Natürlich nicht! Klar!
Sie mir gegeben für Implan=tation 25000, für Geburt Sie zahlen nix, weil nix Geburt. Für Ausplantation ich nehmen auch nix... das Geschenk von mir.
Prima!
Toll, Candida, wirklich!
AUF DEM KLAPPSOFA HAB ICH GESCHLAFEN.
Mami mir ist so kalt!
23

Madame Lemercier, gestern Sie haben gesagt, ich Miststück, Schweinerei, billige Hure und Haufen Dreck weil Sie aufgeregt.
Aber ich nicht böse... Kommen Sie zu uns in Ferien mit dem Kleinen.
Ich Sie nix Flugplatz bringen leider, weil Kopf an Wand gelaufen.
ICH ERHOLTE MICH LANGSAM.
VERBRACHTE DEN ABEND MIT THÉO, DACHTE EINEN MOMENT DARAN, ALLES ZU BEICHTEN, LIESS ES DANN ABER DOCH.
AM NÄCHSTEN MORGEN UM 8 UHR SAUSTE ICH ZUM KRANKENHAUS.
Ich möchte Herr Professor Bellœuf oder einen seiner Assistenden sprechen.
Wir möchten Professor Bellœuf sprechen.
Verzeihung, ich war vor Ihnen da.
Das tut mir leid, aber wir sind angemeldet.
Professor Bellœuf erwartet Sie, meine Herren.
Ich möchte einen tiefgefro= renen Embryo auf den Namen Candida Rosario ab= holen.
Aufbewah= rungsschein, bitte.
24

Die bio-ethische Kommission ist da.
O Gott, die hatte ich total vergessen.
ESSUIE MAINS OUATÉS
Sollen reinkommen. Was soll sein.
ESSUIE MAINS OUATÉS
Herr Professor, wir freuen uns, daß Sie uns nach sechsmonatigen Bemühungen endlich empfangen.
Ganz meinerseits.
Natürlich respektieren wir in höchstem Maß den Ehrgeiz des Forschers, aber es kommt uns alles nicht so ganz geheuer vor...
menschlich nicht ganz clean
Nicht ganz koscher
Nicht im Geiste Luthers
Nicht im Sinne Roms
hm
und juristisch befinden wir uns in einem Niemandsland.
Darf ich Ihnen das Laboratorium zeigen?
Dies ist ein Tank mit laminaren Strömungen für die Zellkulturen und dies eine thermostatisierte Zentrifuge, die bei Tiefsttemperaturen arbeitet.
Wir sind keine Spezialisten, wir interessieren uns für die Probleme des Seins.
Da ist eine Dame, die ihren Embryo abholen will.
Aber Sie sehen doch, Jocelyne, ich bin beschäftigt.
Aber Ihre Assistentin ist nicht zu finden.
25

Dann muß die Dame eben warten. Ihr Erbe wird schon nicht davonlaufen.
Wir fordern vollinhaltliche Aufklärung, wir sind der Gesellschaft verantwortlich.
dem Gesetz
und unseren Gläubigen.
Ein Spektrophotometer mit Subatomarer Absorbtion, ein Extraktor für Hormone, eine Fruchtpresse...
Madame Rosario?
Sie müssen bitte noch warten, Ihr Sprößling wird schon nicht weglaufen.
Dauert es noch lange? Ich muß dringend...
Zwei Minuten, hab ich gesagt!
Madame, ich hätte fast mein Kind verloren.
Hast du das gehört, Maryse? Hätte fast ihr Kind verloren.
Ich habe meine zwei Kinder noch selbst zur Welt gebracht, Madame!
und praktisch beide mit demselben Mann.
Welche wollen eben ihren eigenen Bauch nicht strapazieren...
Was fällt Ihnen...
Wie können Sie sich über andere Menschen ein Urteil herausnehmen!
Tut mir leid, aber der Bequemlichkeits-Trip geht mir auf den Geist.
Sie sind wohl mehr für den Opfer-Trip und schlaffe Bauchmuskeln!
Also wirklich!
Die Frau, die ihren Embryo abholen will, macht Randale.
26

Wo haben Sie denn gesteckt, Mathilde? Kümmern Sie sich mal darum. Aber dalli.
Also weiter. Und nicht drängeln.
Candida Rosario 2143 F 413
Los, los, die ist hysterisch.
In diesem Behälter befindet sich flüssiger Stickstoff bei minus 196°, in dem in vivo oder in vitro produzierte Embryonen eingefroren werden.
Wir liefern tiefgefrorenes Vieh in alle Welt.
Wenn man eine Super-Milchkuh mit dem Samen eines preisgekrönten Stieres befruchtet, was gibt das?
Das gibt Embryonen von Superkälbern...
die man tiefgekühlt an Zuchtbetriebe liefert. Dort werden sie im Wasserbad bei 37° aufgetaut...
Tssss
und ganz normalen Kühen in den Uterus eingepflanzt. Ergebnis: Herrliche Rassetiere. Dank der französischen Forschung und Herrn Professor Belloeuf.
PFFFF
Das ist uns alles bekannt, Professor. Wir lesen auch Zeitungen. Kommen Sie bitte endlich zur Sache.
Was ist mit den menschlichen Embryonen?
Wer sind sie, woher kommen sie? wohin gehen sie?
Du, Professorchen, der Embryo von Madame Rosario ist nicht zu finden.
Sie sind alle gegen mich!
Hier, guck doch selbst nach: Rognon, Roquet, Roudy

Fast hätte ich den Tee beim Gesundheitsminister und den Drink beim Justizminister vergessen.
Wir wollen Ihnen unsere Unzufriedenheit nicht verhehlen. Sie haben die wirklichen Fragen bewußt im unklaren belassen.
Ein billiger Vorwand, dieser Tee!
Eine Leere? Ein Abgrund!
Juristisches Niemandsland? Ein Loch?
Ich werde die Menschenrechtskommission alarmieren
und ich den Bischof
und ich die Synode.
Was ist in dem Container da?
Rennpferde.
Warum steht dann „Kampfhähne" drauf?
Weil dies Laboratorium ein Saustall ist.
Seit sechs Monaten bettel ich um neue Container, und nichts kommt. Gott sei Dank hab ich alles im Kopf.
Jetzt weiß ich wieder, wo ich das Gör hingestopft hab...
in den grünen Container – ich seh noch, wie ich's reingetan habe, weil der für Babies übervölkert war.
Gestern abend stand er noch hier. Ich bin doch nicht bekloppt.
Sag mal, hast du den grünen Container gesehen, der auf dem Regal stand?
Den mit den Kälbern? Der ist nach Tokio. Warum?
28

Sag das noch mal!
Hast doch gehört.
Und wer hat den Lieferschein unterschrieben?
Die Vertretung von Madame Choir, die noch zwei Tage Urlaub zu kriegen hatte.
ICH unterschreibe hier die Papiere
Mir doch egal.
Der kleine Portugiese ist mit den Kälbern nach Tokio.
WAS?
Der dritte Zwischenfall in sechs Monaten! Finden Sie das o.k.?
Kommt doch oft vor, daß wir Kinder mit Tieren zusammenstecken.
Hoffentlich ist es noch nicht zu spät.
Alles bloß, weil die Weiber nicht miteinander klarkommen.
Nach Japan? Ja, um 11 Uhr nach Roissy. Is was?
29

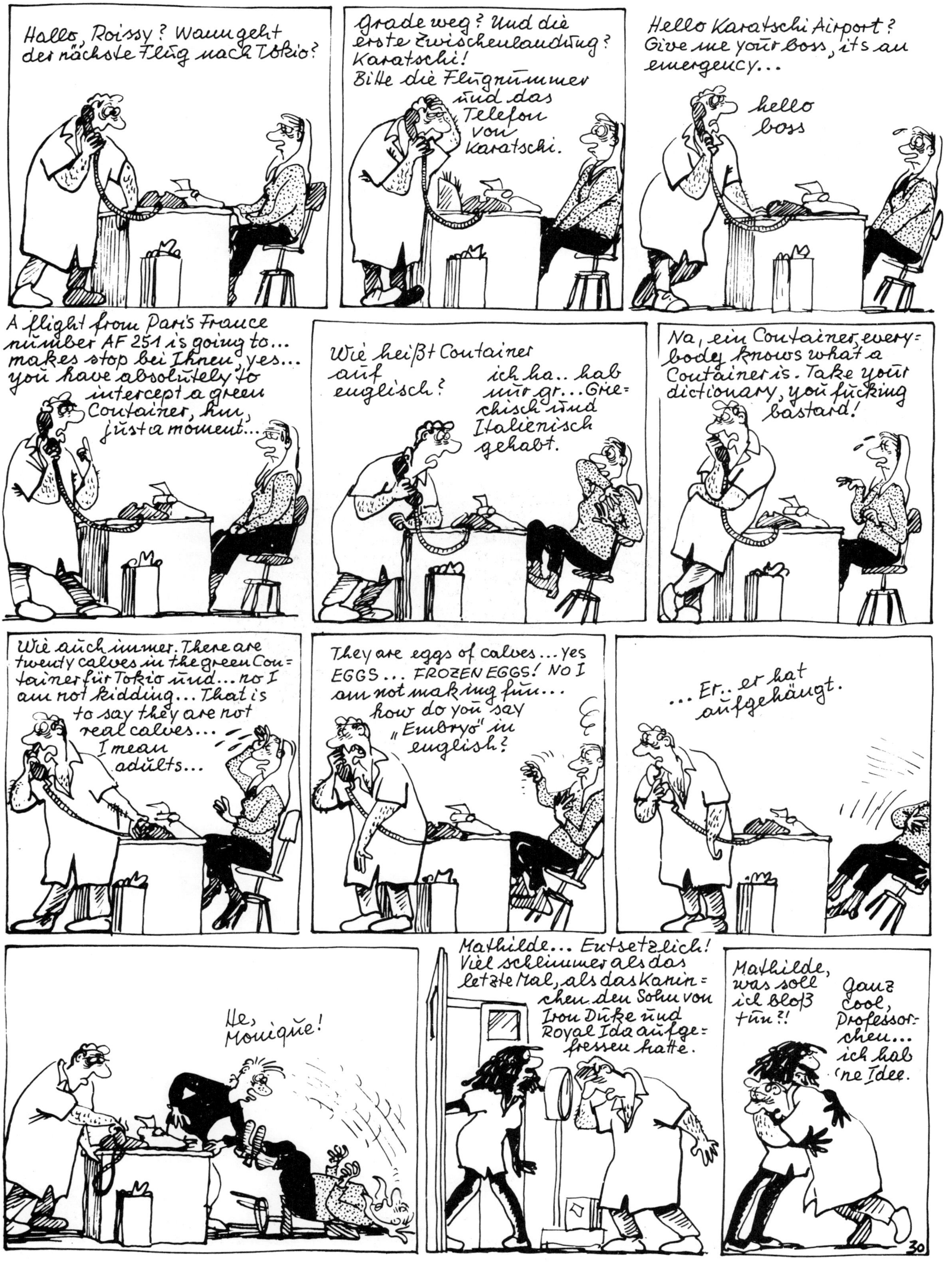
Hallo, Roissy? Wann geht der nächste Flug nach Tokio?
Grade weg? Und die erste Zwischenlandung? Karatschi! Bitte die Flugnummer und das Telefon von Karatschi.
Hello Karatschi Airport? Give me your boss, its an emergency...
hello boss
A flight from Paris France number AF 251 is going to... makes stop bei Ihnen yes... you have absolutely to intercept a green Container, hm, just a moment...
Wie heißt Container auf englisch?
ich ha.. hab nur gr... Grie=chisch und Italienisch gehabt.
Na, ein Container, every=body knows what a Container is. Take your dictionary, you fucking bastard!
Wie auch immer. There are twenty calves in the green Con=tainer für Tokio und... no I am not kidding... That is to say they are not real calves... I mean adults...
They are eggs of calves... yes EGGS... FROZEN EGGS! NO I am not making fun... how do you say „Embryo" in english?
... Er.. er hat aufgehängt.
He, Monique!
Mathilde... Entsetzlich! Viel schlimmer als das letzte Mal, als das Kanin=chen den Sohn von Iron Duke und Royal Ida aufge=fressen hatte.
Mathilde, was soll ich bloß tun?!
Ganz cool, Professor=chen... ich hab 'ne Idee.
30

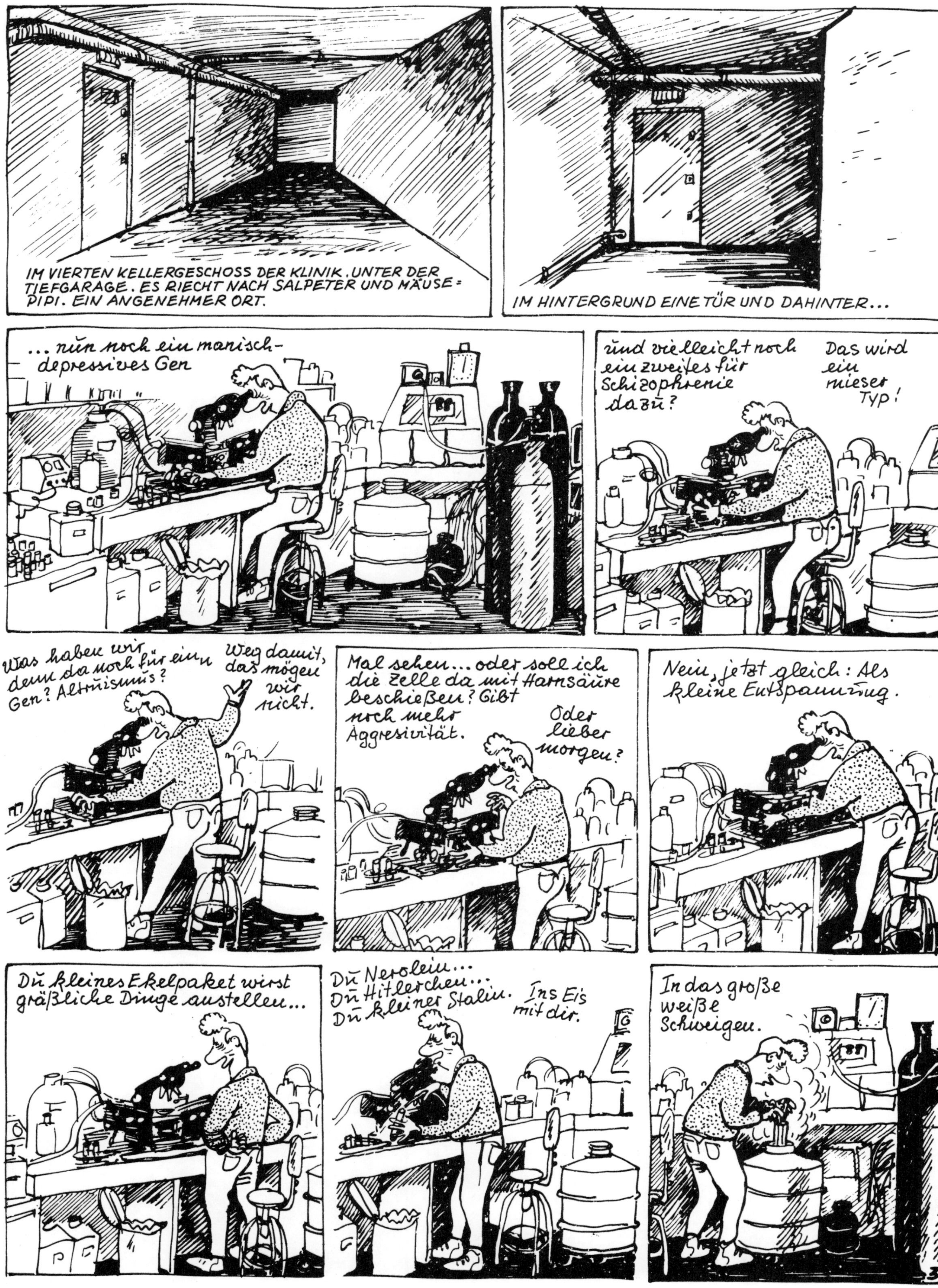

IM VIERTEN KELLERGESCHOSS DER KLINIK. UNTER DER TIEFGARAGE. ES RIECHT NACH SALPETER UND MÄUSE= PIPI. EIN ANGENEHMER ORT.
IM HINTERGRUND EINE TÜR UND DAHINTER...
... nun noch ein manisch-depressives Gen
und vielleicht noch ein zweites für Schizophrenie dazu?
Das wird ein mieser Typ!
Was haben wir denn da noch für ein Gen? Altruismus?
Weg damit, das mögen wir nicht.
Mal sehen... oder soll ich die Zelle da mit Harnsäure beschießen? Gibt noch mehr Aggresivität.
Oder lieber morgen?
Nein, jetzt gleich: Als kleine Entspannung.
Du kleines Ekelpaket wirst gräßliche Dinge anstellen...
Du Neroleim... Du Hitlerchen... Du kleiner Stalin.
Ins Eis mit dir.
In das große weiße Schweigen.
31

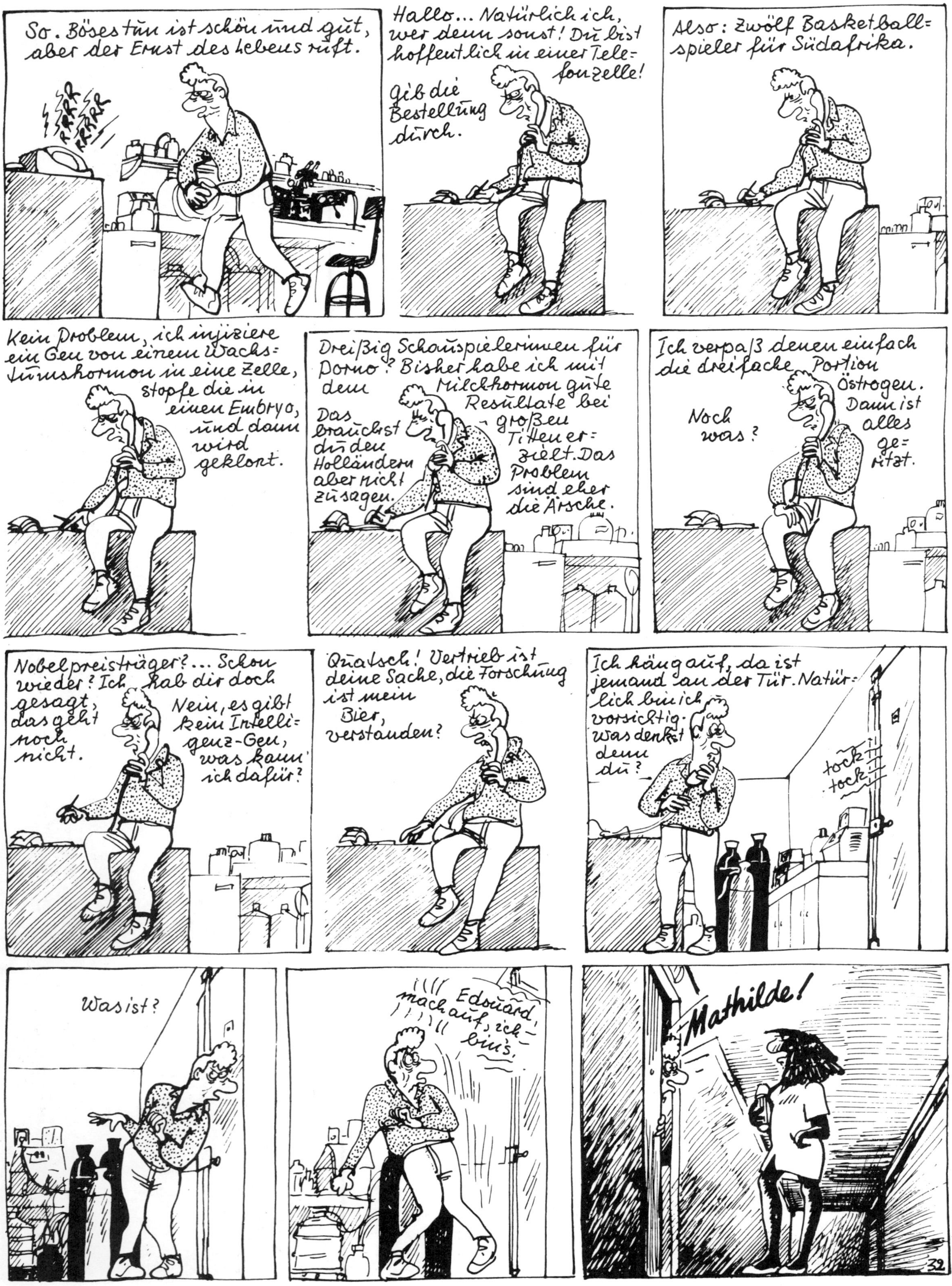
So. Bösestun ist schön und gut, aber der Ernst des Lebens ruft.
Hallo... Natürlich ich, wer denn sonst! Du bist hoffentlich in einer Telefonzelle!
Gib die Bestellung durch.
Also: Zwölf Basketballspieler für Südafrika.
Kein Problem, ich injiziere ein Gen von einem Wachstumshormon in eine Zelle, stopfe die in einen Embryo, und dann wird geklont.
Dreißig Schauspielerinnen für Porno? Bisher habe ich mit dem Milchhormon gute Resultate bei großen Titten erzielt. Das Problem sind eher die Ärsche.
Das brauchst du den Holländern aber nicht zusagen.
Ich verpaß denen einfach die dreifache Portion Östrogen. Dann ist alles geritzt.
Noch was?
Nobelpreisträger?... Schon wieder? Ich hab dir doch gesagt, das geht noch nicht.
Nein, es gibt kein Intelligenz-Gen, was kann ich dafür?
Quatsch! Vertrieb ist deine Sache, die Forschung ist mein Bier, verstanden?
Ich häng auf, da ist jemand an der Tür. Natürlich bin ich vorsichtig. Was denkst denn du?
tock tock
Was ist?
Edouard, mach auf, ich bin's.
Mathilde!

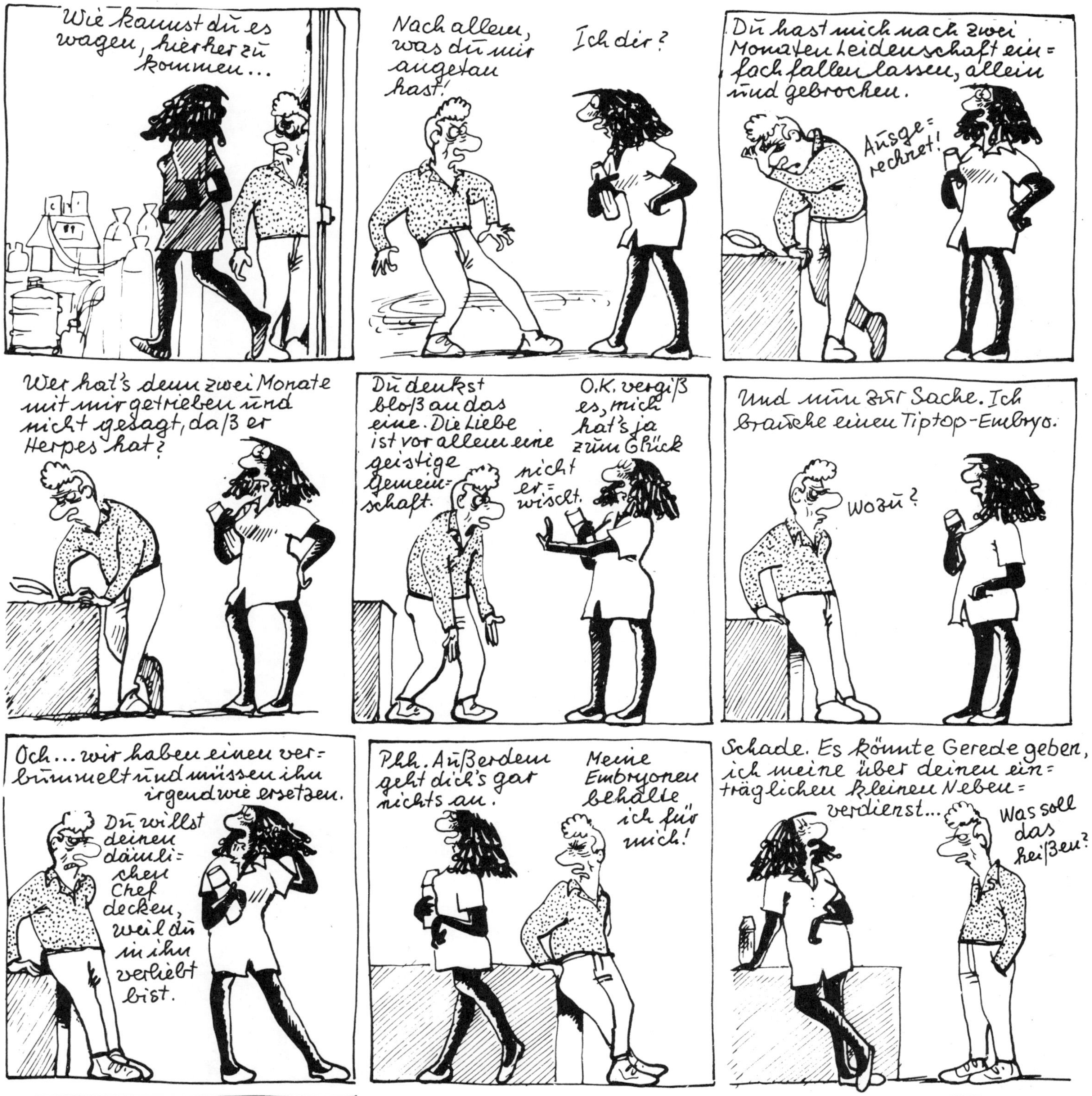
Wie kannst du es wagen, hierher zu kommen...
Nach allem, was du mir angetan hast!
Ich dir?
Du hast mich nach zwei Monaten Leidenschaft ein= fach fallen lassen, allein und gebrochen.
Ausge= rechnet!
Wer hat's denn zwei Monate mit mir getrieben und nicht gesagt, daß er Herpes hat?
Du denkst bloß an das eine. Die Liebe ist vor allem eine geistige Gemein= schaft.
O.K. vergiß es, mich hat's ja zum Glück nicht er= wischt.
Und nun zur Sache. Ich brauche einen Tiptop-Embryo.
Wozu?
Och... wir haben einen ver= bummelt und müssen ihn irgendwie ersetzen.
Du willst deinen dämli= chen Chef decken, weil du in ihn verliebt bist.
Phh. Außerdem geht dich's gar nichts an.
Meine Embryonen behalte ich für mich!
Schade. Es könnte Gerede geben, ich meine über deinen ein= träglichen kleinen Neben= verdienst...
Was soll das heißen?
Daß du im Bett gequatscht hast und daß ich nicht ganz blöd bin.
Du vierteilst Embryos und verkaufst sie als Einzel= stücke an sterile Ehepaare.
Unsinn!
Du nimmst bei menschlichen Eiern den Kern heraus und machst daraus Babies für Unverheiratete.
Gleich krall ich dir eine.

Für genug Kohle würdest du deine eigene Mutter verklonen.
Beweise!
Soll ich?
Hast du die 28-Zimmer-Villa auf den Bahamas von deinem lächerlichen Gehalt gekauft?
Und deine Beteiligung am Club Méd, deine Wohnung in Minsk, dein Loft in Kanton...
Soll ich weitermachen?
Und die 500 Francs im Jahr für den Kinderschutzbund?
Na, krieg ich nun meinen Embryo?
Also gut.
Ich hab 'ne Thermosflasche mitgebracht.
Ausgezeichnet!
So, hier.
Danke Edouard, und nichts für ungut?
Schon recht so.
KNIRSCH
KNIRSCH
Macht nichts, ich kann immer noch schlimmere machen.

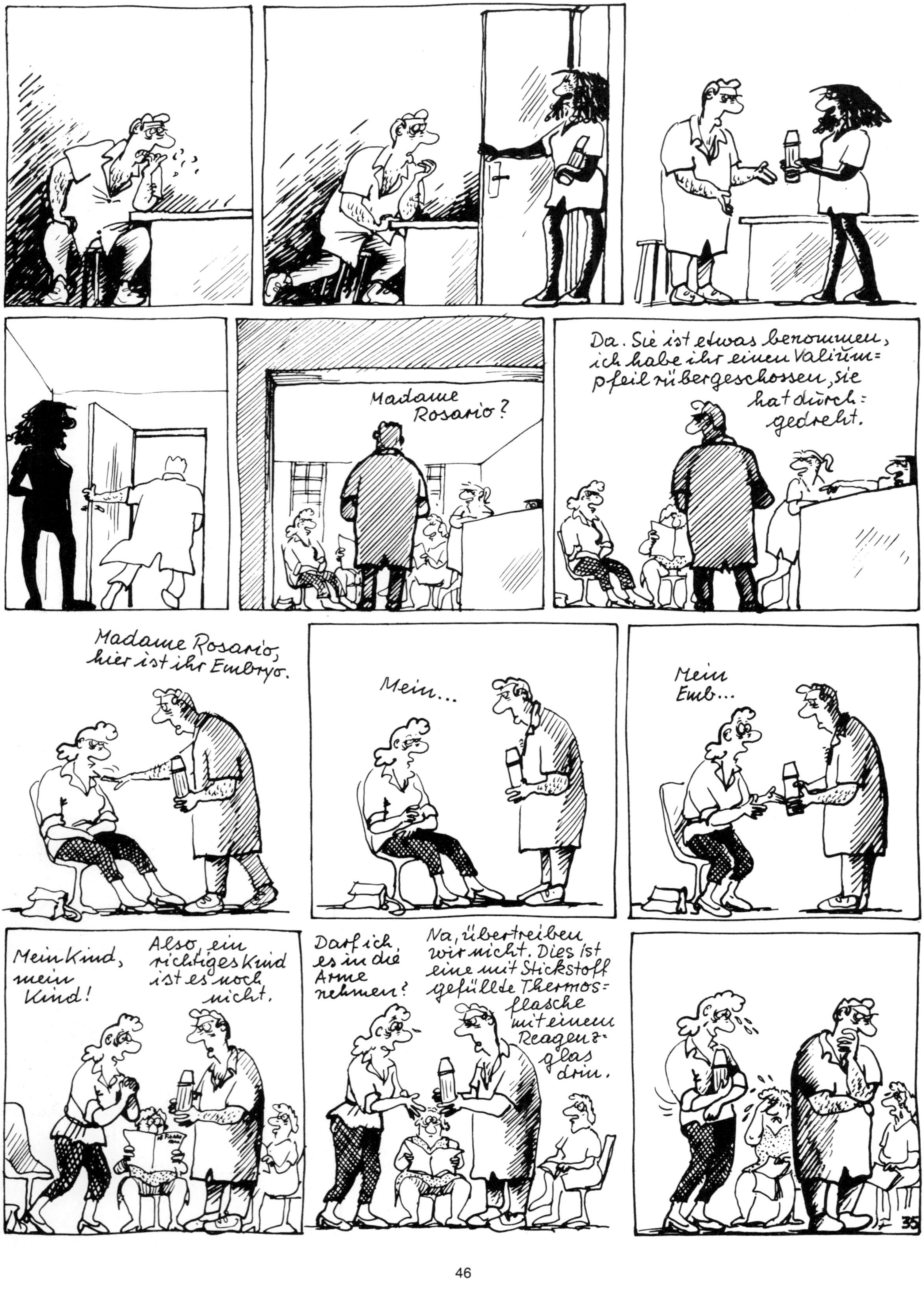

Da. Sie ist etwas benommen, ich habe ihr einen Valium=pfeil rübergeschossen, sie hat durch=gedreht.
Madame Rosario?
Madame Rosario, hier ist ihr Embryo.
Mein...
Mein Emb...
Mein Kind, mein Kind!
Also, ein richtiges Kind ist es noch nicht.
Darf ich es in die Arme nehmen?
Na, übertreiben wir nicht. Dies ist eine mit Stickstoff gefüllte Thermos=flasche mit einem Reagenz=glas drin.

Ich hab doch schon oft solche Szenen gesehen, aber ich muß immer wieder heulen.
Ach was, alles bloß Show.
Sie planen doch wohl eine sofortige Implantation?
Tja... ich.. ich meine eher nein.
Haben Sie einen Gast=Körper vorgesehen?
O nein, nie wieder einen Ersatz. Das gibt nur Scherereien.
Wollen Sie es uns dann noch für einige Zeit anvertrauen?
Ja bitte – für 6 Monate höchstens, und dann trage ich es selber aus. Ganz bestimmt.
Das ist ein sehr schöner, mutiger und romantischer Entschluß. Gratuliere!
Danke.
Es wird doch bestimmt keinen Schaden nehmen?
Keine Sorge!
und keine Verwechslung geben?
Nein, läuft alles über Computer.
Noch so eine Gans, die nicht weiß, was sie will. Tun Sie's in den Eisschrank zurück, Mathilde, und beschriften Sie es genau. Bloß keinen Ärger mehr.
Mit mir schon je Ärger gehabt, Professorchen?
36

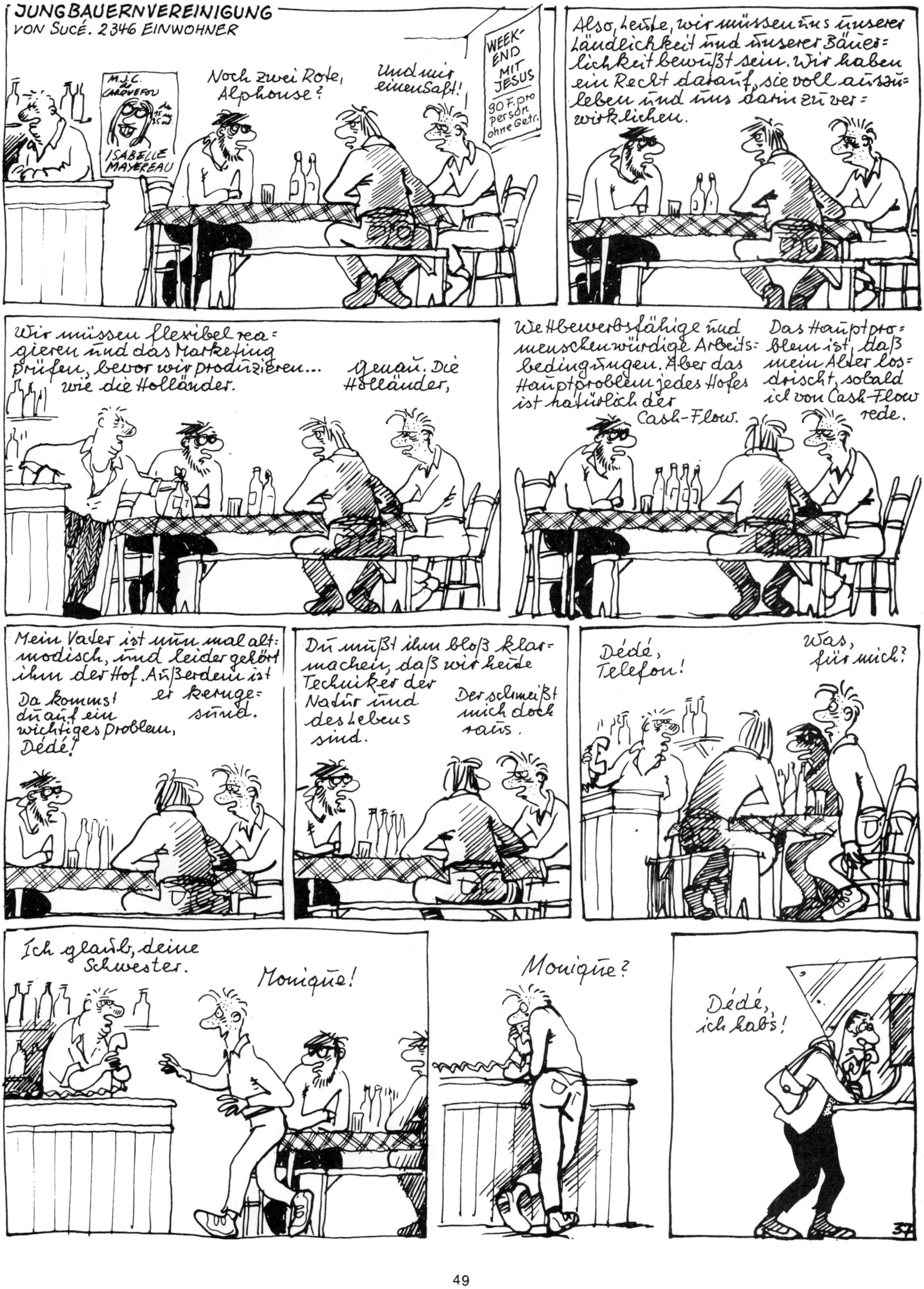
JUNGBAUERNVEREINIGUNG
VON SUCÉ. 2346 EINWOHNER
M.J.C. de CARQUEFOU
ISABELLE MAYEREAU
Noch zwei Rote, Alphonse?
Und mir einen Saft!
WEEK-END MIT JESUS
80 F. pro person ohne Getr.
Also, Leute, wir müssen uns unserer Ländlichkeit und unserer Bäuerlichkeit bewußt sein. Wir haben ein Recht darauf, sie voll auszuleben und uns darin zu verwirklichen.
Wir müssen flexibel reagieren und das Marketing prüfen, bevor wir produzieren... wie die Holländer.
Genau. Die Holländer,
Wettbewerbsfähige und menschenwürdige Arbeitsbedingungen. Aber das Hauptproblem jedes Hofes ist natürlich der Cash-Flow.
Das Hauptproblem ist, daß mein Alter losdrischt, sobald ich von Cash-Flow rede.
Mein Vater ist nun mal altmodisch, und leider gehört ihm der Hof. Außerdem ist er kerngesund.
Da kommst du auf ein wichtiges Problem, Dédé!
Du mußt ihm bloß klarmachen, daß wir heute Techniker der Natur und des Lebens sind.
Der schmeißt mich doch raus.
Dédé, Telefon!
Was, für mich?
Ich glaub, deine Schwester.
Monique!
Monique?
Dédé, ich hab's!

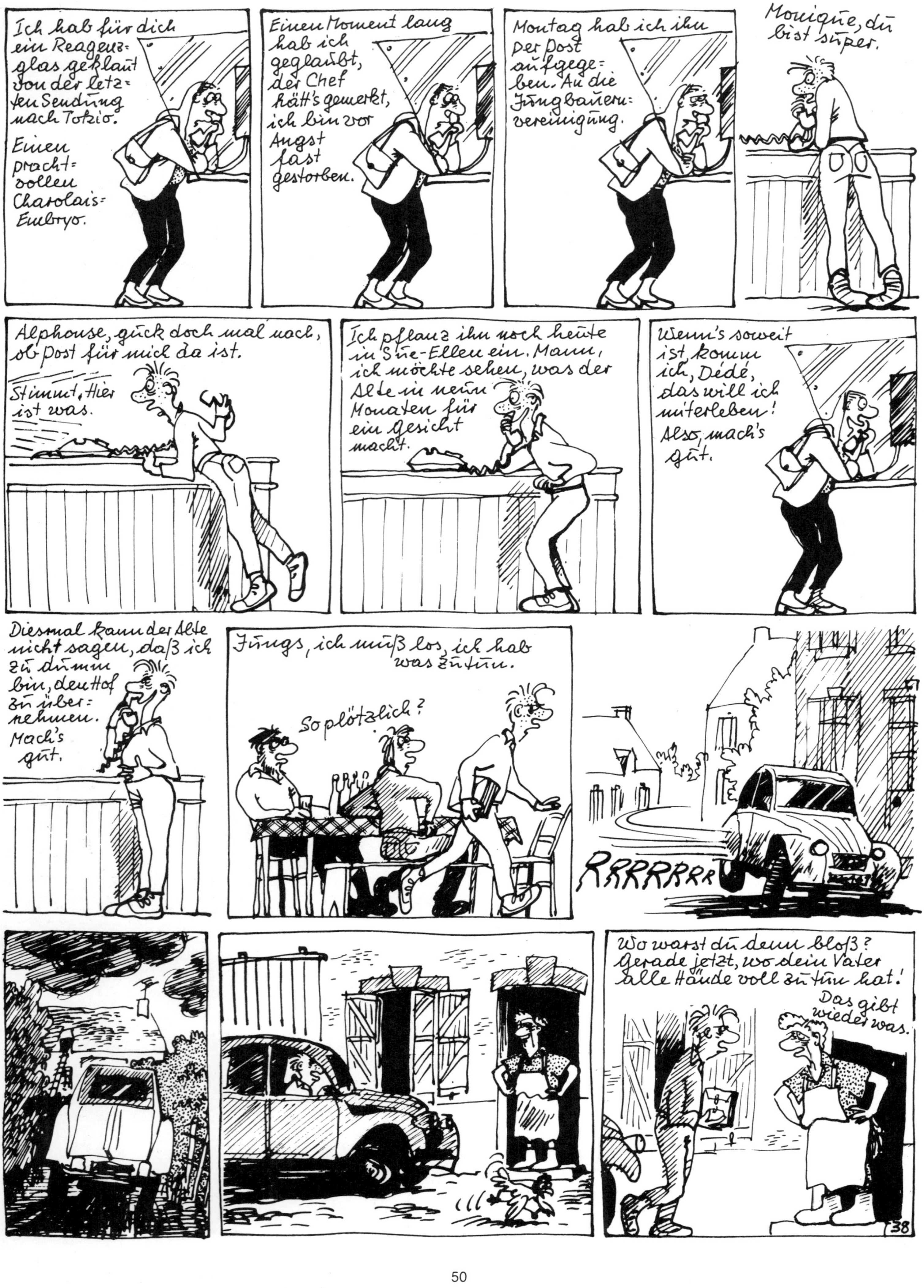

Ich hab für dich ein Reagenzglas geklaut von der letzten Sendung nach Tokio.
Einen prachtvollen Charolais-Embryo.
Einen Moment lang hab ich geglaubt, der Chef hätt's gemerkt, ich bin vor Angst fast gestorben.
Montag hab ich ihn der Post aufgegeben. An die Jungbauernvereinigung.
Monique, du bist super.
Alphonse, guck doch mal nach, ob Post für mich da ist.
Stimmt. Hier ist was.
Ich pflanz ihn noch heute in Sue-Ellen ein. Mann, ich möchte sehen, was der Alte in neun Monaten für ein Gesicht macht.
Wenn's soweit ist, komm ich, Dédé, das will ich miterleben! Also, mach's gut.
Diesmal kann der Alte nicht sagen, daß ich zu dumm bin, den Hof zu übernehmen. Mach's gut.
Jungs, ich muß los, ich hab was zu tun.
So plötzlich?
RRRRRRR
Wo warst du denn bloß? Gerade jetzt, wo dein Vater alle Hände voll zu tun hat!
Das gibt wieder was.
38

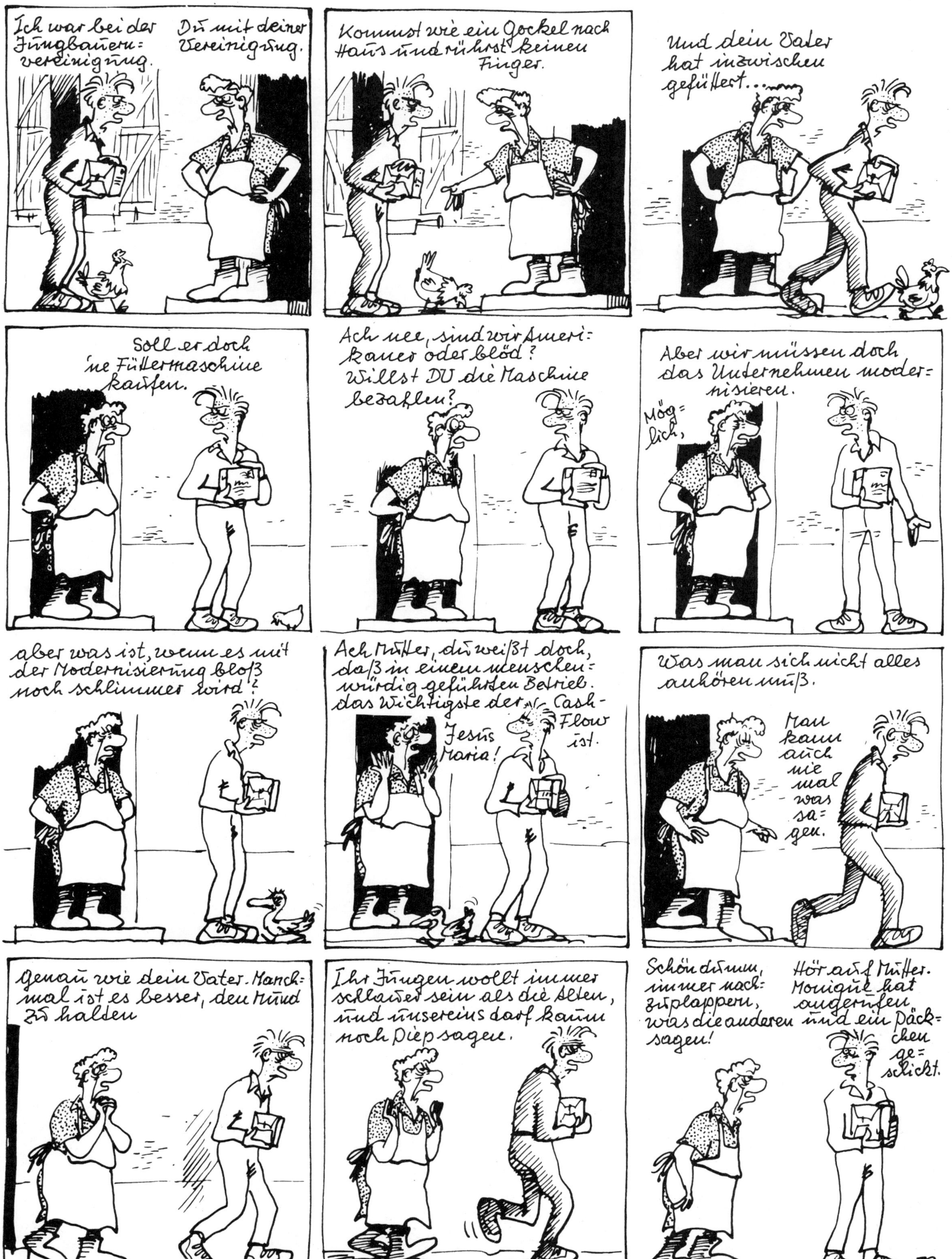

Ich war bei der Jungbauern=vereinigung.
Du mit deiner Vereinigung.
Kommst wie ein Gockel nach Haus und rührst keinen Finger.
Und dein Vater hat inzwischen gefüttert...
Soll er doch 'ne Füttermaschine kaufen.
Ach nee, sind wir Ameri=kaner oder blöd? Willst DU die Maschine bezahlen?
Aber wir müssen doch das Unternehmen moder=nisieren.
Mög=lich,
aber was ist, wenn es mit der Modernisierung bloß noch schlimmer wird?
Ach Mutter, du weißt doch, daß in einem menschen=würdig geführten Betrieb das Wichtigste der Cash-Flow ist.
Jesus Maria!
Was man sich nicht alles anhören muß.
Man kann auch nie mal was sa=gen.
Genau wie dein Vater. Manch=mal ist es besser, den Mund zu halden
Ihr Jungen wollt immer schlauer sein als die Alten, und unsereins darf kaum noch Piep sagen.
Schön dumm, immer nach=zuplappern, was die anderen sagen!
Hör auf Mutter. Monique hat angerufen und ein Päck=chen ge=schickt.
39

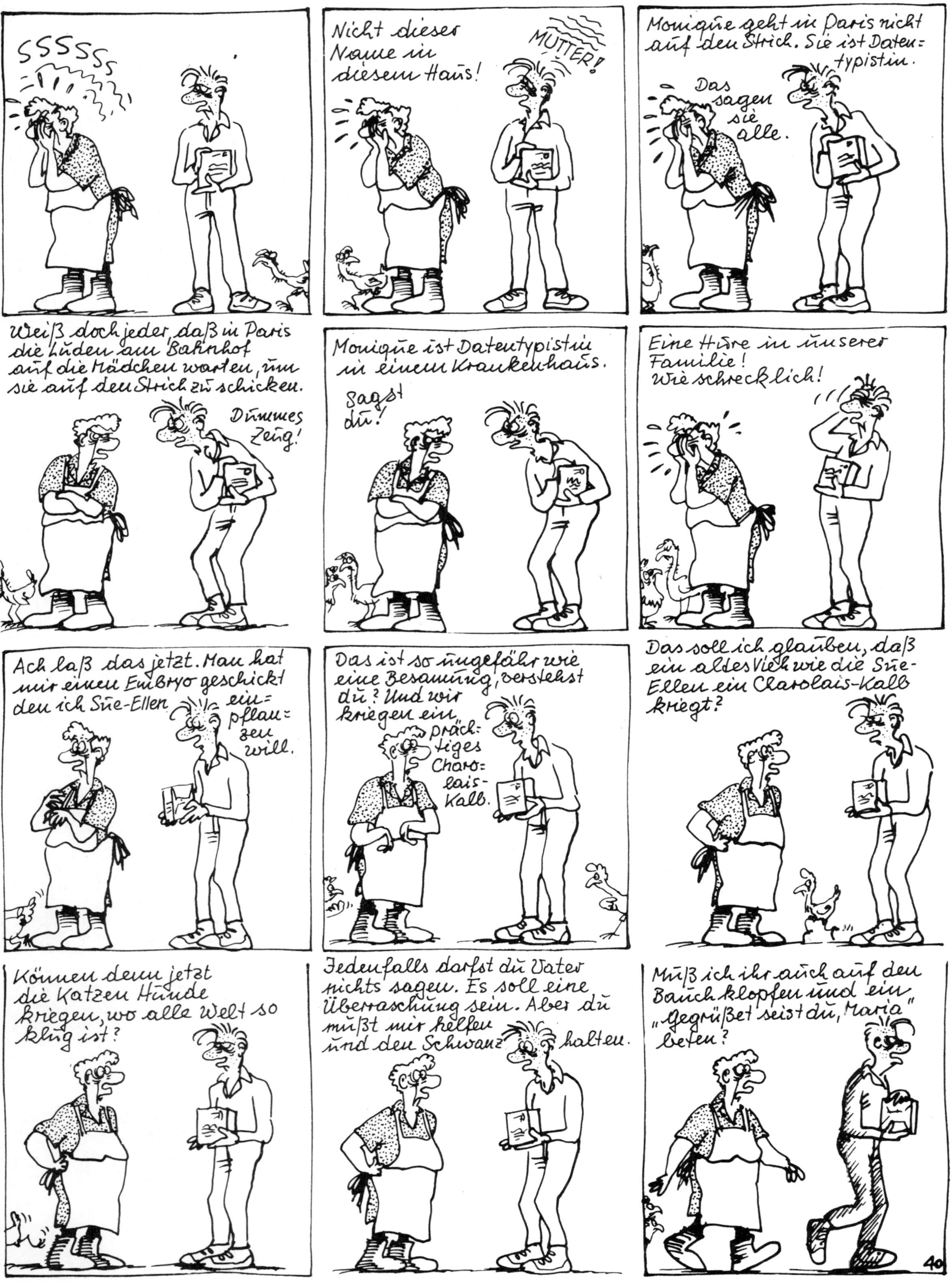
SSSSSSS
Nicht dieser Name in diesem Haus!
MUTTER!
Monique geht in Paris nicht auf den Strich. Sie ist Datentypistin.
Das sagen sie alle.
Weiß doch jeder, daß in Paris die Luden am Bahnhof auf die Mädchen warten, um sie auf den Strich zu schicken.
Dummes Zeug!
Monique ist Datentypistin in einem Krankenhaus.
Sagst du!
Eine Hure in unserer Familie! Wie schrecklich!
Ach laß das jetzt. Man hat mir einen Embryo geschickt den ich Sue-Ellen einpflanzen will.
Das ist so ungefähr wie eine Besamung, verstehst du? Und wir kriegen ein prächtiges Charolais-Kalb.
Das soll ich glauben, daß ein altes Vieh wie die Sue-Ellen ein Charolais-Kalb kriegt?
Können denn jetzt die Katzen Hunde kriegen, wo alle Welt so klug ist?
Jedenfalls darfst du Vater nichts sagen. Es soll eine Überraschung sein. Aber du mußt mir helfen und den Schwanz halten.
Muß ich ihr auch auf den Bauch klopfen und ein „Gegrüßet seist du, Maria" beten?
40

Beeil dich. Noch steht dein Vater bei Marie-Jo am Tresen
Wie hältst dū's bloß mit dem alten Saufkopp aus?
So redet man nicht über seinen Vater! Vater ist Vater. Wenn er nicht dein Vater wäre, gut und schön. Aber er ist nun mal dein Vater!
Halt mal das Glas während ich ansauge. Paß gut auf.
Emile Beziat wird sauer sein.
Der ist der Besamer, dies hier geht ihn nichts an. Dies ist eine Implantation, Mutter.
Mir wird ganz schwindlig bei all den neumodischen Erfindungen
Los, halt den Schwanz.
Du kannst dadrin doch gar nichts sehen!
Halt still, Sue-Ellen!
Geschafft, Mutter. Der Embyo ist drin!
RÜLPS
Ich glaub, ich hör deinen Vater. Voll, wie's scheint.
Etwas früher und der Suffkopp hätte uns dazwischengefuscht.
Dédé, red nicht so. Vater bleibt Vater.
41

Ha, du Faulpelz. Wo warst du? Zwei Stunden hab ich auf dich gewartet.
Er war bei der Jungbauern=vereinigung.
Alles Maulhelden! Da gehst du mir nicht mehr hin!
Irgendwann müssen wir den Betrieb modernisieren.
Genau!! Und du wirst Augen machen, wenn er kommt und seinen Computer fürs Hühnerfutter will.
Wär doch nur vernünftig, Vater.
Wie soll man denn sonst mit der Legeentwicklung Schritt halten? Sieh dir die Holländer an.
Ich scheiß auf die Holländer. Will nix von hören.
Ich mein nicht nur die Holländer, nimm die Dänen...
Alles Arschlöcher.
oder auch die Deutschen, Papa. Die hast du doch besonders gern.
Ga-aks
Anstatt hier lange Reden zu halten, komm lieber zum Essen
d..d.. die Deutschen können mich...
Das ist Chili con Carne. Soll sehr gesund sein. Die Amerikaner essen das alle.
Und die Amerikaner können mich auch.
Oh, dieser Knallsack, dieser Volltrottel! Ich halt's nicht mehr aus!
Halt den Mund, Dédé, Vater bleibt Vater.
41

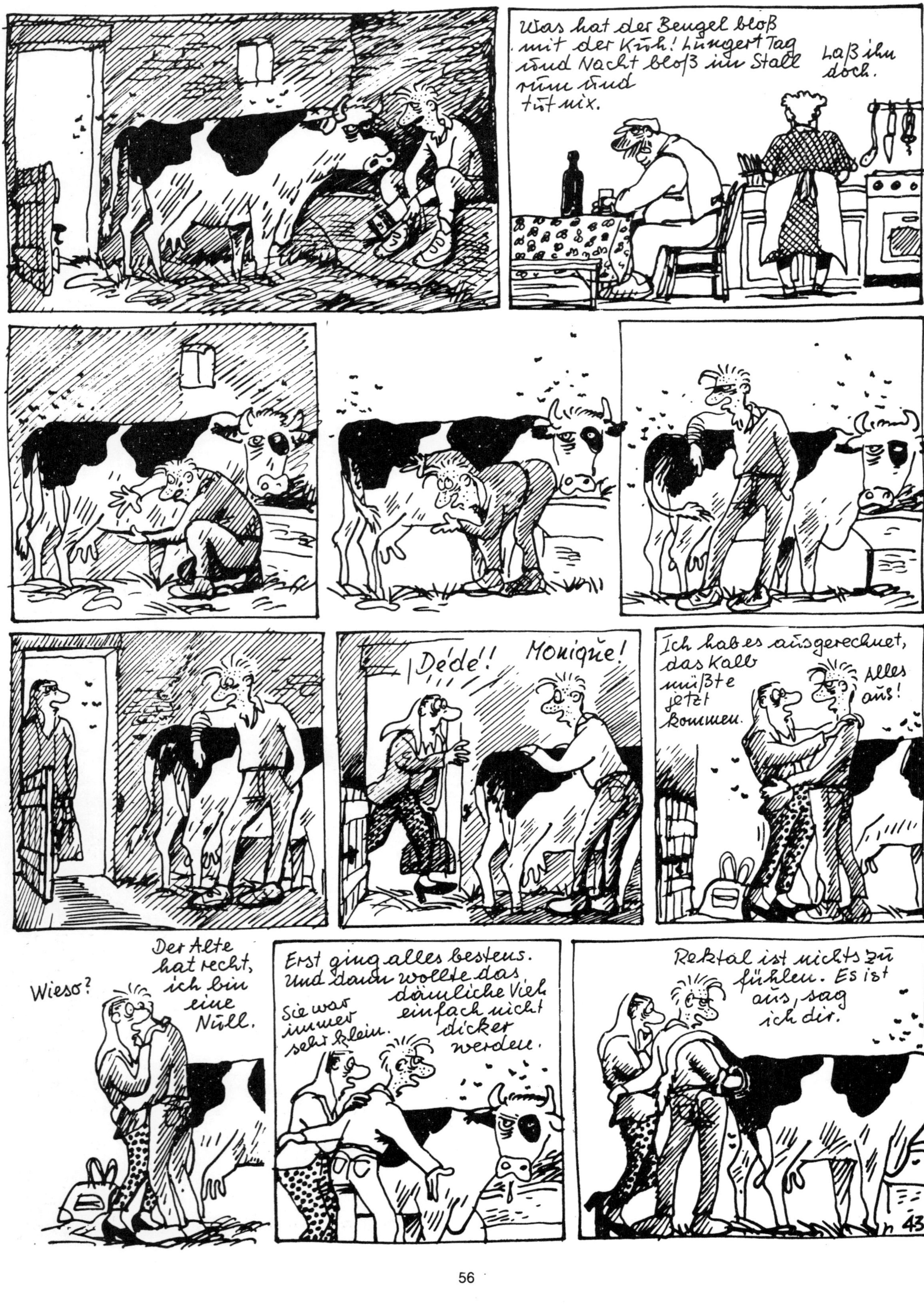

Was hat der Bengel bloß mit der Kuh! Lungert Tag und Nacht bloß im Stall rum und tut nix.
Laß ihn doch.
Dédé!!
Monique!
Ich hab es ausgerechnet, das Kalb müßte jetzt kommen.
Alles aus!
Wieso?
Der Alte hat recht, ich bin eine Null.
Erst ging alles bestens. Und dann wollte das dämliche Vieh einfach nicht dicker werden.
Sie war immer sehr klein.
Rektal ist nichts zu fühlen. Es ist aus, sag ich dir.
43

Ich geb auf, Schwesterchen, ich schmeiß den Kram hin.
Das kannst du nicht machen!
Ich werde mit der Hand säen und mit dem Flegel dreschen, die Rüben mit Opas Hacke hacken und die Schweine mit dem Beil schlachten...
und im alkoholischen Sumpf verrecken wie meine bretonischen Altvorderen.
NEINN!
RÜLPSRÜLPS
Ich hör Vater rülpsen.
Versteck dich im Heu.
Na, du fauler Sack, nimmst du jetzt die Forke oder brauchst du einen Arschtritt?
Ich geh ja schon, Vater.
Läßt mich alten Mann allein den Mais reinholen! Ich mach dir Beine, du Faultier.
Ja, Vater.
Hat dir wer in die Suppe gespuckt?
Nein, Vater

Ein Mädchen!
Himmel, Herrgott! Du geiler Bock!
Ich begreif das nicht, Vater!
Schon wieder 'ne Laus über die Leber gelaufen?
Ich begreif das nicht!
Die Suppe steht auf dem Tisch... bis man dich mal von deiner Kuh wegbringt!
45

Jesus! Das hat noch gefehlt!!
Was, sagst du, hat sie in Paris getan? Du Schaf, du!
Mutter, das ver=stehst du falsch.
O diese Schande. Wie stehen wir jetzt bloß da!
Du irrst dich. Das Kind ist nicht von Monique.
So was dulde ich nicht unter meinem Dach!
Halt ihn zurück, Mutter!
Einen Fehltritt seiner Tochter darf ein Vater wohl be=strafen.
Halt dich da raus! Hast ja nix ver=standen!
Dédé, immer bei seiner Kuh rum, was glaubst du, was er da getrieben hat? Das Euter massiert?
Ich will keinen Tierschinder in der Familie.
Was sagt er? Ich und Sue-Ellen?
Paßauf!
46
PÄNG

Scheiße, daneben
MONIQUE
Sie hat bekommen, was sie verdient.
Weiß du, warum sie sich vor diesen Kerl geworfen hat?
Monique, sag doch was!
Kein Wunder, daß eine Rumtreiberin mit so was nach Haus kommt.
Ich sag dir doch, der Balg ist nicht von ihr. Der ist von Dédé und der Roten.
Ihr Herz schlägt nicht mehr.
Dafür wirst du mir büßen, du Aas!
Glaub's oder nicht, ich habe nichts mit Sue-Ellen gehabt. Wir sind gute Freunde, weiter nichts
Meine einzige Liebe war Monique. Meine eigene Schwester. Ich hab sie immer geliebt und sie mich auch.
Als wir Kinder waren, haben wir in der Scheune unendliche Ekstasen erlebt. Und uns ewige Treue geschworen.
Warum mußte sie denn auf die Handelsschule und dann nach Paris gehen?
Skrupel? Wollte sie vor mir fliehen?
47

Tag und Nacht dachte ich nur an sie, und, um nicht verrückt zu werden, beschäftigte ich mich mit landwirt= schaftlicher Spitzen= techno= logie.
Aber du und deine Rück= ständigkeit und deine Herrschsucht. Jetzt ist sie tot, und mir ist alles egal.
Dein Leben vor allem und meines auch.
¡DÉDÉ
PANG
Mutter, versprich mir, die Kleine...
nenn sie Monika.
48

AM SONNABEND, DEM 7. APRIL 1983 UM 13 UHR, KAM EIN ANRUF DES INHALTS, AUS RICHTUNG DES BAUERNHOFS „L'ONGLETTE", GEMEINDE SUCÉ, BESITZER MONSIEUR RADIGOIS, SEIEN GEWEHRSCHÜSSE GEHÖRT WORDEN.
AUF GRUND DIESES ANRUFS SIND WIR IN BEGLEITUNG DES HILFSGENDARMEN BATARD ZU GENANNTEM HOF GEFAHREN.
WIR STELLTEN FEST: IM STALL ANWESEND MONSIEUR RADIGOIS, LEBLOS, MADAME RADIGOIS, SEINE EHE= FRAU, IHRER BEIDER SOHN ANDRÉ UND TOCHTER MONIQUE, DIE BEIDEN LETZTGENANNTEN MIT KUGELVERLETZUNGEN UND EBENFALLS LEBLOS, UND EINE MILCHKUH, RASSE UNBESTIMMT.
DIE ERSTEN VON DOKTOR CONIAC VORGENOMMENEN UNTERSUCHUNGEN LASSEN VERMUTEN, DASS FÜR DIE OPFER KEINE LEBENSGEFAHR BESTEHT.
DEN AUSSAGEN VON MADAME RADIGOIS ZUFOLGE HAT SICH IHRE TOCHTER VERSEHENTLICH BEIM REINIGEN EINES JAGDGEWEHRS (KALIBER 12, FABRIKA MANU= FRANCE) VERLETZT. DIE KUGEL SOLL KEINE LEBENS= WICHTIGEN ORGANE GETROFFEN HABEN.
IHR BRUDER SEI BEI DEM VERSUCH, IHR ZU HELFEN, EBENFALLS VON EINER LADUNG IN HERZHÖHE GETROF= FEN WORDEN. DA DIE KUGEL AUF EINE MEDAILLE GETROFFEN IST, DIE ER AN DAS HEMD GEHEFTET HATTE, SOLL ER NUR AN NERVÖSEN PRELLUNGEN LEIDEN.
MONSIEUR RADIGOIS SEI BEI DEM VERSUCH, SEINEN KIN= DERN ZUR HILFE ZU EILEN, MIT DEM KOPF GEGEN DEN GEWEHRKOLBEN GESTOSSEN, DIE ZEITUNG, MIT DER ER WEGEN DER KÄLTE SEINE MÜTZE AUSGESTOPFT HATTE, HABE DEN STOSS JEDOCH ABGEFANGEN. SEIN ZUSTAND IST ALS NICHT ERNST ZU BEZEICHNEN.
VORSTEHENDES PROTOKOLL AUFGENOMMEN ZU HABEN BESTÄTIGT DER ENDUNTERFERTIGTE
SUCÉ, DEN 7. APRIL 1983 GEZ. MEURDESOIF, BRIGADIER.
49

Tja, Emilie, dann wollen wir mal gehen. Ich wünsch dir viel Kraft.
Bitte, Herr Pfarrer, bleiben Sie doch noch einen Augenblick.
Ich muß Ihnen was zeigen.
Herr Pfarrer, wo sie herkommt, kann ich Ihnen nicht sagen. Ich hab gedacht, Sie können sie ordentlichen Leuten adoptieren lassen, wie Sie es immer tun
... am besten schwarz
Verlassen Sie sich auf mich, Madame Radigois.
Sie heißt Monika!
ENDE
BRETÉCHER

Epilog

DIE KARRIERE VON BRIGITTE LEMERCIER MACHT DEN ENTSCHEIDENDEN SPRUNG NACH VORN MIT DEM FILM „ROM, MINNESOTA" VON WIM WENDERS, DREHBUCH MARGUERITE YOURCENAR, EINE HEUTE FAST VERGESSENE SCHRIFTSTELLERIN.
NACH DIESEM ÜBERRAGENDEN ERFOLG HÖRT DIE LEMERCIER NICHT MEHR AUF ZU FILMEN. SIE SPIELT DIE UNSCHULDIGE IN „WENN DAS MEER STIRBT",
DIE GILETTE IN „GROSSER GOTT, WIR LOBEN DICH", DIE JESSY IN „CHILI TWO"
UND VOR ALLEM DIE MILDRED, DIE UNVERGESSLICHE KASTANIENROTE GRÄFIN AUS „KNEIF MICH HIER, KNEIF MICH DA".
AUSSERDEM SPIELTE SIE DIE TITELROLLE IN UNZÄHLIGEN B-PRODUKTIONEN.
Selber B-Produktion. Was der sich einbildet!
Dreh ihm den Hals ab, Minischätzchen.
Klick
Minischätzchen, alle Produzenten und Regisseure taugen nichts.
Wenn ich denke, daß Margot die Rolle der Sissi der kleinen Bourriche gegeben hat!.. Das ist eine Rolle für eine reife Frau in den Sechzigern... wie mich.
Niedlich ist die Bourriche, o.k. Talent hat sie auch, aber 40! Was hat sie denn schon erlebt?
Ihre Stimme sitzt noch gar nicht richtig. Mit 40! Nein wirklich, ich muß schon sagen!
51

Seit drei Monaten hab ich nicht gedreht, Minischätzchen, und nichts in Aussicht... was soll bloß werden?
Ruhig, ruhig, Liebes.
Kann dir doch gleich sein. Du bist die Größte. Laß sie auf dich zukommen und ruh dich aus.
MICHAUSRUHEN!
Begreifst du das nicht: ich muß filmen... irgendwas tun!
Brigitte, bitte, schrei nicht so, davon bekomme ich Migräne.
Deine Migräne kann mich mal. Geh einmal um den Block.
RRUMMS!
Sie nix Grund, sich so aufregen, Madame Brigitte.
Weil, wenn Sie haben bißchen Zeit, Sie können vielleicht lassen einpflanzen Ihr Embrio.
Wo ich nicht mehr kann tun für Sie, weil ich Totaloperation!
Bitte, Candida, kein Wort mehr von Ihrer Operation!
Aber die Idee ist gar nicht schlecht, Candida, allerdings in meinem Alter – glauben Sie wirklich? Mit 83...?
Aber Sie gut erhalten!
Das stimmt, Candida, und ich hab mir, weiß Gott, dieses Kind gewünscht.
52

UNIVERSITÄTSKLINIK
JULIO IGLESIAS
INSTITUT FÜR FÖTAL-TRANSFER Prof. Dr. Rosario
Geh nach Haus, Mimischätz=chen, Du wirst so leicht nervös
Nervös? Ich sagen hysterisch!
Ich muß jetzt Brigitte Le=mercier implantieren.
DIE Lemercier?
Ist die nicht schon etwas betagt?
Wo denkst du hin? Eine Freundin von mir hat jetzt mit 91 ein prächtiges Baby bekom=men.
Tempo, Tempo, Filmstar oder nicht, ich hab keine Zeit zu verlie=ren.
Meine kleine Victoria! Ich gebe mich in deine Hände.
Sie machen mich glück=lich, Brigitte.
Professor Rosario meine Tochter.
Mir doch egal.
Hier ihr Reagenz=glas.
Oh!
Mir können Filmstars nicht impo=nieren.
Mein Kind!
PIEP
Candida, ich hab doch ge=sagt, ich will nicht gestört werden!
PIEP
Ja, Madame Lemercier. Ich hören, was gibt. Wer ist da?

Mimischätzchen? Das nicht geht! Du weißt, es nicht ist richtige Mo=ment, du kleiner Schaf.
Hör mal, Mimi, ich bin besch.. Ein wichtiges Telex? Nichts kann wichtiger sein als mein... Was sagst du?
Die Fortsetzung von „Vom Winde verweht"? Und die Rolle der Scarlett für mich? Was, sie tut sich wieder mit Rhett zusammen?
Und wer spielt Rhett?
Sag ihnen – sag ihnen, ich nehme an.
Madame Brigitte!
Schwerer Herz=anfall. Wahr=scheinlich das Mutterglück.
Das hat sich ja von selbst erledigt.
Das Reagenzglas ist ka=putt.
Vielleicht war ein Mozart?
Möglich, aber ist zwei Minuten vor sechs.
Da können wir alle Mozarts den Buckel runter=rutschen.
BRETECHER
51

Claire Bretécher

Die Frustrierten 1

64 Seiten Comics. Kartoniert

Die Frustrierten 2

64 Seiten Comics. Kartoniert

Die Frustrierten 3

64 Seiten Comics. Kartoniert

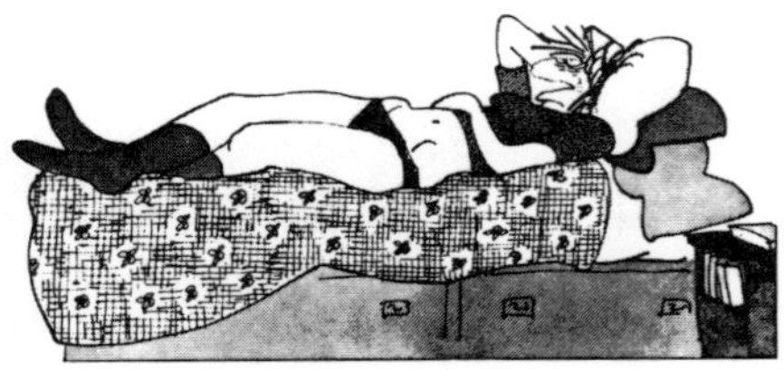

Die Frustrierten 4

64 Seiten Comics. Kartoniert

Die Frustrierten 5

64 Seiten Comics. Kartoniert

Als Rowohlt-Nachttischbändchen:

Frühlingserwachen

Zwei Bildgeschichten für frustrierte Eltern. 118 Seiten Comics. Gebunden

Die eilige Heilige

52 Seiten vierfarbige Comics. Lam. Pappbd.

Die Mütter

64 Seiten Comics. Kartoniert